essentials

Andrea Hausmann

Cultural Leadership II

Instrumente der Personalführung in Kulturbetrieben

Andrea Hausmann
Institut für Kulturmanagement
Pädagogische Hochschule Ludwigsburg
Ludwigsburg, Deutschland

ISSN 2197-6708 ISSN 2197-6716 (electronic)
essentials
ISBN 978-3-658-28676-7 ISBN 978-3-658-28677-4 (eBook)
https://doi.org/10.1007/978-3-658-28677-4

Die Deutsche Nationalbibliothek verzeichnet diese Publikation in der Deutschen Nationalbibliografie; detaillierte bibliografische Daten sind im Internet über http://dnb.d-nb.de abrufbar.

Springer VS

Springer VS ist ein Imprint der eingetragenen Gesellschaft Springer Fachmedien Wiesbaden GmbH und ist ein Teil von Springer Nature.
Die Anschrift der Gesellschaft ist: Abraham-Lincoln-Str. 46, 65189 Wiesbaden, Germany

Was Sie in diesem *essential* finden können

- Beschreibung konstitutiver Elemente von Führungsverhalten (Führungsstile, Haltung und rituelles Verhalten, Macht und Machtmissbrauch) mit Bezug zu den besonderen Rahmenbedingungen in Kulturbetrieben
- Beschreibung direkter, in konkreten Führungssituationen wirkender Führungsinstrumente mit Fokus Kommunikation unter Berücksichtigung typischer Situationsmerkmale in Kulturbetrieben
- Kompakte Darstellung indirekt wirkender Führungsinstrumente mit Fokus Koordination unter Schwerpunktnahme auf die in Kulturbetrieben besonders wichtigen Tools
- Analyse der Möglichkeiten zur Einschätzung von Führungserfolg in Kulturbetrieben

Inhaltsverzeichnis

Einführung 1

„Passion led us here" titelt ein Foto, das vom Informationsportal *Kulturmanagement Network* in seiner Themenreihe Recruiting verwendet wird (KM 2019) – und diese Aussage würden wohl die meisten Kulturschaffenden und Kulturverantwortlichen sofort unterschreiben. Gleichzeitig wird jedoch in Theorie und Praxis zunehmend hinterfragt, ob es angesichts der Entwicklungen auf dem Arbeitsmarkt in Zukunft noch ausreichen wird, wenn Kulturbetriebe ihr Personal vorrangig über Emotionen für das attraktive, aber auch sehr herausfordernde Tätigkeitsfeld Kultur zu gewinnen und zu binden versuchen. Oder ob es nicht zusätzlicher Anreize und eines insgesamt professionelleren Umgangs mit der Ressource Personal bedarf, um im Wettbewerb um die besten Arbeitskräfte künftig mithalten zu können.

Nicht wenige Experten/innen gehen in diesem Zusammenhang davon aus, dass Personalmanagement im Kulturbereich stark an Bedeutung gewinnen wird und dass sich Kulturbetriebe, die ihre Stellen qualifiziert besetzen wollen, v. a. auch in der Personalführung professionalisieren müssen. So ist der amtierende Intendant und Geschäftsführer des *Konzerthauses Dortmund* davon überzeugt:

> „Die größte Herausforderung wird der Kampf um gute Mitarbeiter werden. In wenigen Jahren werden wir die Schwelle erreichen, in der sich insbesondere die guten Kandidaten tendenziell eher ihren Arbeitgeber aussuchen als umgekehrt. Und dann kommt es entscheidend darauf an, wie das eigene Haus bestellt ist – auch in Sachen Führungskultur. {Dabei} wird es die Kulturbranche besonders treffen, weil die Kombination aus schlechterer Bezahlung und anspruchsvollen Arbeitsbedingungen nicht mehr so stark dadurch zu kompensieren sein wird, dass wir ja ‚Kunst' machen" (Hoensbroech im Interview mit Oswald 2018a).

Bislang liegen jedoch nur wenige weiterführende Publikationen zum Thema Leadership mit dezidiertem Kulturbezug vor. Anlass genug für die Autorin,

© Springer Fachmedien Wiesbaden GmbH, ein Teil von Springer Nature 2020   1
A. Hausmann, *Cultural Leadership II*, essentials,
https://doi.org/10.1007/978-3-658-28677-4_1

praktisches Führungshandeln und seine besonderen Rahmenbedingungen in Kulturbetrieben konzentriert und systematisch zu reflektieren. Aufgrund der Komplexität des Themas auch und gerade in dieser Branche ist dabei ein *essential* mit zwei Teilen entstanden, die inhaltlich zusammengehören, aber auch unabhängig voneinander gelesen werden können.

Im Fokus von *Teil I* stehen der Begriff, die zentralen Einflussfaktoren und die wichtigsten Aufgaben von Führung in Kulturbetrieben. Das hierbei herausgearbeitete Begriffsverständnis liegt auch vorliegendem *Teil II* zugrunde: Führung strebt den Aufbau und die Pflege von Arbeitsbeziehungen zwischen Führenden und Geführten an, denen eine Ziel- bzw. Ergebnisorientierung zugrunde liegt und die durch eine zwar nicht symmetrische, aber doch wechselseitige Einflussnahme und Orientierung aneinander sowie ein partnerschaftliches Miteinander geprägt sind (Hausmann 2019a, S. 5). Hierauf aufbauend werden in den nachfolgenden Kapiteln jene konstitutiven Elemente und zentralen Instrumente beschrieben, mit denen Führende bei dieser Beziehungsgestaltung unterstützt werden können. Dabei wird auch in Teil II dem Charakter der Reihe *essentials* Rechnung getragen, d. h. es findet sich im Weiteren eine kompakte Darstellung mit Konzentration auf das Wesentliche, die kulturbetriebsspezifische Merkmale berücksichtigt und spartenübergreifend ausgelegt ist.

Konstitutive Elemente von Führungsverhalten

2

In diesem Kapitel werden zunächst die Wirkungen von Führungs*stil* und Führungs*prinzipien* auf die Beziehungsgestaltung untersucht. Anschließend wird auf Macht als zentrale Einflussgrundlage eingegangen. Alle drei Elemente formen das Fundament für Führungsverhalten und sie prägen die Auswahl und individuelle Anwendung konkreter Führungs*instrumente,* die im Fokus der Kap. 3 und 4 stehen.

2.1 Führungsstil

Ein Führungsstil ist ein langfristig stabiles, in einer schmalen Bandbreite variables Verhaltensmuster, das geprägt ist durch

- die *Führungskraft* bzw. ihre Persönlichkeit, (Führungs-)Erfahrung, ihr Menschenbild etc. sowie
- die konkrete *Entscheidungssituation* (Ressourcen, v. a. Zeit und Budget, Bedeutung und Komplexität einer Entscheidung, Eigenschaften der Geführten, Organisationskultur etc.).

Der Führungsstil markiert die Grenzen, innerhalb derer konkretes Führungsverhalten stattfindet. Die relative Stabilität von Führungsstilen hat Vor- und Nachteile:

- Einerseits bietet sie Orientierung, Verlässlichkeit und Komplexitätsreduktion für Geführte, die antizipieren können, wie eine Führungskraft voraussichtlich reagieren oder entscheiden wird. Das kann gerade in Kulturbetrieben explizit

© Springer Fachmedien Wiesbaden GmbH, ein Teil von Springer Nature 2020
A. Hausmann, *Cultural Leadership II,* essentials,
https://doi.org/10.1007/978-3-658-28677-4_2

wünschenswert sein: „Wir haben schon genug mit Unvorhersehbarkeit und Überraschungen zu tun. Ich glaube, Mitarbeiter brauchen eine Führung, die klar strukturiert und durchschaubar ist. Meine Mitarbeiter in Basel wissen in vielen Situationen genau, was meine Meinung ist, welche Entscheidung ich treffen werde – und das, bevor ich sie überhaupt anspreche" (Operndirektorin Berman im Interview mit Moghimi 2018).

- Andererseits (ver)führt sie dazu, dass Mitarbeiter/innen einen Führungsstil (zu) schematisch antizipieren, dabei u. U. auch bestimmte, als unangenehm erlebte Reaktionsmuster bei den Vorgesetzten zu vermeiden versuchen, sodass hierdurch die (organisationale, individuelle) Weiterentwicklung (aus)gebremst wird.

In der betriebswirtschaftlichen Literatur wird eine Vielzahl von Führungsstilen diskutiert (ausführlich z. B. Weibler 2016, S. 309 ff.; Scholz 2014, S. 307 ff.). Mit Blick auf die Zielsetzung dieses *essentials* sollen im Weiteren mit dem *Führungsstilkontinuum* (Tannenbaum und Schmidt 1958) und dem *Verhaltensgitter* (Blake und Mouton 1968) zwei Führungsstilmodelle Berücksichtigung finden, die in der Praxis besonders populär sind. Beides sind theoretische, stark vereinfachende Ansätze ohne hinreichende empirische Bestätigung, die dennoch eine hilfreiche Orientierung für mögliches Führungsverhalten in einer komplexen, durch vielfältige Einflussfaktoren geprägten Kulturbetriebspraxis geben können.

Führungsstilkontinuum
Im Führungsstilkontinuum werden Führungsstile anhand der Dimension *Partizipationsgrad* unterschieden, d. h. anhand des Ausmaßes der Teilhabe von Geführten an Entscheidungen. An den Polen des Kontinuums findet sich zum einen

- der *autoritäre* Führungsstil, bei dem die Willensbildung und Entscheidungsmacht allein bei der Führungskraft liegt, sowie zum anderen
- der *demokratische* Führungsstil, bei dem die Führungsperson als Koordinator/in einer Gruppenentscheidung auftritt.

Die meisten Vorgesetzten in Kulturbetrieben, zumindest im kaufmännischen bzw. administrativen Bereich, werden sich irgendwo zwischen diesen beiden Polen – zwischen denen fünf weitere Führungsstile mit graduellen Unterschieden in der Entscheidungsbeteiligung zu finden sind – einpendeln und je nach Entscheidungssituation (z. B. Termindruck, Entscheidungskomplexität, Sicherheitsbedürfnis der Geführten) mal mehr und mal weniger die Entscheidungsvorbereitung und/oder

-durchsetzung an sich ziehen. Etwas anders sieht es im genuin künstlerischen Bereich aus: Hier haben empirische Studien in der Vergangenheit gezeigt, dass für die Erreichung kreativer Höchstleistungen und des gemeinsamen „flows" auf der Bühne oder im Orchestergraben ein vergleichsweise autoritärer Führungsstil durch Regisseure/innen, Dirigenten/innen etc. mit hoher Reputation und Kompetenz begünstigend sein kann (u. a. Boerner et al. 2001; Rowold und Rohmann 2009). Allerdings birgt ein solcher Führungsstil auch erhebliche Risiken, wie die Fälle von Machtmissbrauch in Kulturbetrieben eindringlich zeigen (Hausmann 2019a, S. 18 und 23 f.). Es liegt daher in der Verantwortung der Kulturbetriebe, zu prüfen, ob es hierzu nicht auch verträglichere, zeitgemäßere Alternativen gibt (ein erster Schritt in diese Richtung könnte der *wertebasierte Verhaltenskodex* der deutschen Theater und Orchester sein; DBV 2018).

Verhaltensgitter (Managerial Grid)
Bei diesem Erklärungsansatz ist die Annahme, dass sich ein Führungsstil durch folgende zwei Dimensionen charakterisieren lässt:

- *Aufgaben- bzw. Sachorientierung:* Bei einem stark sachorientierten Führungsstil ist die Führungskraft mehr mit den Aufgaben als mit den Geführten beschäftigt. Folglich rückt die Erledigung der Arbeit, z. B. die Realisierung einer künstlerischen Vision, in den Vordergrund. In seiner extremen Ausprägung (auch als „Befehl-Gehorsam-Führungsverhalten" bezeichnet) stehen die Beschäftigten dauerhaft unter Druck und es gibt keine konstruktive Fehlerkultur. So beschreibt ein ehemaliges Orchestermitglied der *Staatskapelle Berlin* sein individuelles Führungserleben wie folgt: „Ich habe die besten musikalischen Erlebnisse meines Lebens unter Barenboim gehabt und bin dafür sehr dankbar. Aber manchmal ist der Preis, den man dafür zahlt, einfach zu hoch. (…) immer Angst zu haben, wenn man zur Arbeit gehen muss. Angst vor seinem Temperament. Manchmal war Barenboim sehr launisch, und dann kam es so aus dem Nichts, plötzliche Stimmungswechsel, oder er hat sich an jemandem abreagiert mit manchmal ganz wenig Grund, fand ich" (Hasselbeck und Promberger 2019).
- *Mitarbeiter- bzw. Beziehungsorientierung:* Bei diesem Führungsstil steht das Wohlergehen der Beschäftigten im Vordergrund. Die Vorgesetzten bemühen sich um ein gutes Verhältnis zu den Geführten, unterstützen sie (auch bei Fehlern) und setzen sich für sie ein. In seiner extremen Ausprägung – auch als „Glacéhandschuh-Führungsverhalten" bezeichnet (Weibler 2016, S. 325) – kann es allerdings dazu kommen, dass Aufgaben, z. B. in der Abteilung Presse- und Öffentlichkeitsarbeit eines Kulturbetriebs, so lange unerledigt bleiben, bis

Bedenken der Mitarbeiter/innen hinsichtlich einer geplanten Social Media-Kampagne ausdiskutiert und zerstreut wurden – und sich alle „wohl fühlen".

Aus der Verknüpfung von unterschiedlichen Ausprägungen der Aufgaben- und Mitarbeiterorientierung (jeweils niedrig, mittel, hoch) ergibt sich ein Verhaltensgitter mit neun Kombinationen (ausführlich Weibler 2016, S. 324 ff.). Dabei gilt idealtypisch: Am erfolgreichsten ist ein Führungsstil dann, wenn eine hohe Aufgabenorientierung der Führungskraft mit einer hohen Beziehungsorientierung einhergeht. Zusammenfassend lässt sich aus diesem theoretischen Ansatz für die Kulturbetriebspraxis ableiten,

- dass eine Trennung von Aufgaben- und Beziehungsorientierung nicht möglich ist und sowohl künstlerische als auch kaufmännische Vorgesetzte in der Lage sein sollten, *situationslogisch* und *systemgerecht* Schwerpunkte zu setzen (Schulz von Thun et al. 2019, S. 59), und
- dass sich weder eine zu hohe Beziehungsorientierung, wie sie in manchen Kulturbetrieben aufgrund der sehr „eigenen Welt", fast familiären Strukturen und persönlichen Verflechtungen leicht entstehen kann,
- noch eine zu hohe Aufgabenorientierung, bei der es ausschließlich und kompromisslos um die Realisierung künstlerischer, inhaltlicher, kulturpolitischer etc. Visionen von Leadern geht, mit Blick auf eine ressourcenschonende Erreichung von Organisationszielen empfiehlt.

2.2 Führungsprinzipien und Haltung

Allgemeinsprachlich werden unter Prinzipien – mehr oder weniger bewusst gewählte – Regeln oder Grundsätze gefasst, durch die sich Menschen in ihrem Denken und Handeln leiten lassen (Duden 2019b). Dementsprechend werden Führungsprinzipien im Rahmen dieses *essentials* verstanden als

- höchst individuelle, verbindlich fixierte oder ungeschriebene Normen, Grundwerte und Überzeugungen,
- an denen sich eine Führungskraft selbstbestimmt orientiert,
- die idealerweise belastbar, überschneidungsfrei und längerfristig ausgelegt sind,
- den Führungsstil bzw. das Führungsverhalten prägen und
- die Auswahl und individuelle Ausgestaltung von Führungsinstrumenten beeinflussen.

Ein Blick in die klassische betriebswirtschaftliche Literatur zeigt dabei, dass Führungsprinzipien (auch: Führungsgrundsätze) hier z. T. den Führungsinstrumenten mit Fokus Koordination zugeordnet sind (u. a. Weibler 2016, S. 415). In solchen Fällen werden die Prinzipien weniger individuell betrachtet, sondern als organisationale (normierte) Leitlinien für Führungsverhalten verstanden, die unternehmensweit bzw. unabhängig von einer konkreten Führungspersönlichkeit gelten (sollen) und annahmegemäß „eine effektive und effiziente Nutzung der Ressource Personal aus Unternehmenssicht ermöglichen" (Bühner 2010, S. 256). Ein ähnliches, eher technokratisch anmutendes Verständnis zeigt sich auf so mancher Website, auf der unternehmerische Prinzipien – oftmals als Teil der Bemühungen im Rahmen von Personalmarketing bzw. Employer Branding – veröffentlicht wurden.

Da Führung mit Menschen und der Gestaltung von persönlichen Beziehungen zu tun hat, greift eine solche einseitige Betonung der betriebswirtschaftlichen Komponente aus Sicht der Autorin zu kurz. Vielmehr scheint es sinnvoll, Überlegungen aus anderen Disziplinen einzubeziehen und Führungsprinzipien stärker individuell zu betrachten. Einen gerade auch für Kulturbetriebe interessanten, praxisorientierten Ansatz verfolgt z. B. Echter (2011). Die Soziologin und Beraterin von Top-Führungskräften nutzt *Rituale,* hier verstanden als Folge wiederkehrender symbolischer bzw. bildsprachlicher Handlungen, die in der Anthropologie und Psychologie seit langem wegen ihrer verhaltenssteuernden, komplexitätsreduzierenden Eigenschaften Interesse finden (u. a. Turner 1970; van der Hart 1983). Häufig spiegeln sich Rituale in kleinen, auf den ersten Blick eher unspektakulären Gesten und Aufmerksamkeiten wider – z. B. Begrüßungs- und Verabschiedungsrituale, Pausenrituale (z. B. mit Offenlassen der Bürotür, gemeinsame Mittags- oder Kaffeepause), Informations- und Kommunikationsrituale (z. B. wöchentliche Besprechung, Vollversammlung), Geburtstags- und Festtagsrituale –, die jedoch nur funktionieren bzw. Wirkung entfalten, wenn dahinter eine entsprechende, grundsätzliche *Haltung* der Führungskraft steht. Dies bestätigt auch die Geschäftsführerin des *Landesverbands Soziokultur Sachsen:* „Gute Führung hat viel damit zu tun, in welcher Haltung ich den Kollegen begegne: Positiv, zuhörend, interessiert, zutrauend und wertschätzend; oder von oben herab, kritisierend und Macht ausspielend. Ersteres kostet Zeit, zahlt sich aber aus und ist selbstverstärkend" (Oswald 2018a). Diese Haltung fördert rituelles Verhalten – gleichzeitig festigt das rituelle Verhalten wiederum die Haltung. Basierend auf den grundsätzlichen Überlegungen von Echter (2011, S. 2) sind hierzu in Tab. 2.1 Beispiele ausgearbeitet worden.

Tab. 2.1 Haltung und rituelles Verhalten in der Personalführung

Haltung	Theoretische Einordnung	Praktisches rituelles Verhalten (Bsp.)
Offenheit und Vertrauen	Vertrauen wird hier verstanden als ein Vertrauens*vorschuss* der Führungskraft in die grundsätzliche Fähigkeit und Bereitschaft von Organisationsmitgliedern	Die Führungskraft legt eigene Fehler offen und reagiert auf Fehler anderer Organisationsmitglieder mit Gelassenheit
Interesse und Respekt für Unterschiedlichkeit	Respekt als unverhandelbare Voraussetzung für die Gestaltung von Führungsbeziehungen und Rahmenbedingung für Selbstverantwortung und Motivation (Hausmann 2019a, S. 33 f.)	Die Führungskraft begegnet abweichenden Einschätzungen und Standpunkten mit respektvollen und aufmerksamen Fragen
Großzügigkeit bei Anders-Sein und Toleranz bei „Fehlverhalten"	Im Sinne einer Fehlerkultur werden Fehler als unvermeidliche Bestandteile menschlicher Entscheidungen verstanden; eine zukunftsorientierte „Warum"-Analyse ist wichtiger als die vergangenheitsorientierte „Wer"-Analyse (Abschn. 4.2)	Kritikrituale werden durch Großzügigkeitsrituale ersetzt. Anders-Sein und Fehlverhalten werden nicht kritisiert, sondern akzeptiert und lösungsorientiert behandelt. Kleinere Störungen in der Kommunikation werden ignoriert. Es gibt keine Richtigstellungen und keine Rechtfertigungen
Klima der Wertschätzung	Wertschätzung bezieht sich auf eine prinzipielle Haltung der Achtung und des Respekts vor anderen (unabhängig von besonderen Merkmalen, Leistungen oder Anlässen). Wertschätzung ist eine situationsungebundene, dauerhafte Haltung, in der sich eine Kultur des Dialogs und konstruktiven Miteinanders ausdrückt (Weibler 2016, S. 383)	Die Führungskraft erwähnt Organisationsmitglieder, von denen etwas gelernt wurde, die etwas erreicht haben etc. positiv, z. B. in Teamsitzungen, bei Präsentationen; alle Organisationsmitglieder achten insgesamt auf das Einhalten von Vereinbarungen, Pünktlichkeit etc
Dankbarkeit	Dankbarkeit speist sich u. a. aus dem Verständnis dafür, dass (auch) andere Organisationsmitglieder immer wieder ihre knappen Ressourcen einsetzen, um Entscheidungsprozesse der Führungskraft zu unterstützen	Die Führungskraft bedankt sich stets (Unterlagen, Informationen, Tipps, Einladungen, Kontakte, Aufmerksamkeit etc.)

Diese Überlegungen abschließend, bleibt festzuhalten, dass sich Führungs-prinzipien im Rahmen von autodidaktischem Bücherstudium, Weiterbildung, Mentoring und durch das Beobachten Anderer formen lassen. Allerdings wird immer erst die Praxis zeigen, inwiefern das „Soll" mit dem „Ist" dauerhaft sta-bil in Übereinstimmung gebracht werden kann. Nicht jedes Führungsprinzip ist situationsunabhängig belastbar, aber jedes Führungsprinzip spiegelt den Umgang der Führungskraft mit sich selbst wider. Darüber hinaus werden sich im Laufe der Berufsjahre typischerweise Anpassungen ergeben, z. B. aufgrund gemachter (Führungs-)Erfahrungen, persönlicher Reife und/oder „Altersmilde", aber auch angesichts bereits erreichter oder sich verändernder eigener Karriereziele.

2.3   Macht

Erfolgreiches Führungsverhalten benötigt Macht – eine These, die in Semina-ren und Coachings der Autorin v. a. bei angehenden und weiblichen Führungs-kräften häufig Unbehagen auslöst. Macht ist jedoch eine zwingend notwendige *Ressource,* um Führungsaufgaben übernehmen und erfolgreich bewältigen zu können. Ohne Macht können weder Aufgaben zugewiesen noch Konsequenzen gezogen werden, wenn Geführte den Weisungen nicht nachkommen (wollen). Macht muss einer Führungskraft damit nicht nur

- strukturell und formal *gegeben* werden (z. B. durch hierarchische Stellung, Zuordnung von Ressourcen, Weisungs-/Entscheidungsbefugnisse),
- sondern ebenso von ihr *gewollt* werden.

Letzteres, also die Bereitschaft zur Macht, ist dann fundiert, wenn im Vorfeld der Entscheidung, den nächsten Karriereschritt zu machen und eine Führungs-position zu übernehmen, die (persönlichen) Konsequenzen sorgfältig abgewogen wurden. Denn „wer einen Machtzuwachs erfährt, hat fast immer Probleme damit, gerade auch dann, wenn er sich diesen leidenschaftlich wünschte" (Schmidbauer 2009, S. 106). Dies gilt v. a. dann, wenn eine Führungsposition zum ersten Mal angetreten oder eine neue Hierarchieebene erreicht wird, z. B. auch durch einen internen Aufstieg. Nicht wenige sind überrascht, wie schnell aus ehemaligen Kollegen/innen Geführte einer anderen Hierarchiestufe werden und sie als neue Führungskraft nicht mehr inhärenter Teil des ehemaligen Teams sind – und auch nicht mehr sein können.

Wie Tab. 2.2 zeigt, hat die Übernahme einer Führungs- bzw. Machtposition prin-zipiell vielfältige Auswirkungen. Insbesondere gilt es sich zu vergegenwärtigen,

Tab. 2.2 Konsequenzen der Übernahme einer Führungsposition

Gewinne	Verluste
– Führt zu mehr Verantwortung und anderen Aufgabenschwerpunkten (i. d. R. geringerer Anteil operativer Arbeit) – Wertet auf – Weckt Fähigkeiten – Führt zu indirekter Befriedigung, andere zu etwas anzuleiten – Schlägt sich finanziell nieder	– Belastet (schuld ist immer der/die Vorgesetzte; Gefühl, kritisiert, gefürchtet, angefochten etc. zu werden) – Führt durch die Delegation zu weniger unmittelbaren Erfolgserlebnissen (aus operativer Arbeit) – Überfordert (Fähigkeiten müssen ggf. noch entwickelt und getestet werden) – Kann einsam machen (i. d. R. Verlust an vertrauensvollen und offenen Beziehungen im Team)

wie die Theaterintendantin Vanackere bestätigt, „(…) dass man auch angreifbar ist, wenn man Entscheidungen trifft. Das muss man aushalten können und wollen" (Oswald 2018). Im Rückgriff auf Teil I ist es dabei eine Aufgabe der *Selbstführung* (Hausmann 2019a, S. 24 f.), alle Konsequenzen zu betrachten, d. h. Nutzen *und* Kosten: Es gilt realistisch einzuschätzen, ob die Annahme einer Führungsposition – und damit die Übernahme von Macht – vor dem Hintergrund der eigenen Persönlichkeit, Kompetenzen und Motive tatsächlich sinnvoll ist. Dabei ist es legitim und (eigen-)verantwortlich, sich im Zweifel auch (vorerst) dagegen zu entscheiden.

Macht beschreibt dabei einerseits die Möglichkeit von Personen, das Verhalten von anderen Organisationsmitgliedern zu beeinflussen (Weibler 2016, S. 136 ff.). Dies kann sich positiv auswirken, so z. B. dann, wenn im Kulturbetrieb etwas in Bewegung gerät und Organisationsziele (besser) erreicht werden. Andererseits kann Macht dazu benutzt werden, einseitig definierte Ziele zu verfolgen (z. B. Karriereziele der Führungskraft), ohne Austauschverhältnisse oder Kompromisse mit anderen Organisationsmitgliedern eingehen zu müssen. Macht ist damit ein zweischneidiges Schwert: Eine handlungsfähige Führungskraft muss zum einen die Möglichkeit haben, sich auch gegen den Widerstand anderer durchzusetzen und Macht auszuüben – bestimmte Entscheidungen würden sonst nie getroffen werden und (weitreichendere) Veränderungen in Kulturbetrieben selten erreicht. Zum anderen (ver)führt Macht nur allzu leicht zu *Missbrauch:* „Power is the ultimate aphrodisiac" (Kissinger zitiert in Weibler 2016, S. 136). Und leider ist dieser auch und gerade in Kulturbetrieben noch viel zu häufig anzutreffen, wie ein ehemaliger Schauspieler des *Münchner Residenztheaters* bestätigt: „Unter dem Deckmantel der Kunst herrscht die Willkür" (Seewald 2016).

Diese Potenzialität eines Missbrauchs von Macht ändert jedoch nichts an der Tatsache, dass – richtig eingesetzte, geteilte und institutionell begrenzte – Macht eine konstitutive Voraussetzung darstellt, um Personal in Kulturbetrieben führen und Organisationsziele erreichen zu können. Dabei gilt: „alle effektiven Führungskräfte haben Macht, aber nicht alle Machtinhaber sind effektive Führungskräfte" (Schmidbauer 2009). Ob die Machtausübung gelingt, wird von verschiedenen institutionellen und individuellen Determinanten beeinflusst:

- *Institutionelle Determinanten:* Wie oben angerissen müssen einerseits *strukturelle* Voraussetzungen solcherart geschaffen werden, dass die Führungskraft tatsächlich legitimiert ist, Macht einzusetzen und andere zu bestimmten Handlungen zu veranlassen (Weisungs- und Entscheidungsbefugnisse, Hausverfügungen etc.). Andererseits müssen gleichzeitig *institutionelle* Sicherheitsmechanismen geschaffen werden, um Machtmissbrauch zu verhindern oder zumindest zu begrenzen (z. B. Betriebs-/Personalrat, Ombudsmänner/-frauen). Grundsätzlich nimmt der Kulturbetrieb in seiner Gesamtheit großen Einfluss auf die Art der Machtausübung: Wird auf gelingende Interaktions- und Beziehungsprozesse statt einseitiger Machtausübung Wert gelegt, so muss eine entsprechende Organisationskultur geschaffen werden (z. B. im Rahmen eines abteilungsübergreifenden Leitbildprozesses).
- *Individuelle Determinanten:* Zu welchen Konsequenzen die „nicht unerheblichen Verlockungen" (Schmidbauer 2009) einer Machtposition führen, hängt v. a. von der *Persönlichkeit* und den *Kompetenzen* einer Führungskraft ab. Geführte werden Einflussversuche, ein bestimmtes Verhalten zu zeigen, insbesondere dann akzeptieren, wenn die Führungskraft fachlich kompetent ist und gleichzeitig sozial „fähig". Wie angesprochen, spielen auch die *Motive* der Machtinhaber/innen eine entscheidende Rolle: Immer dann, wenn Macht ausschließlich zur Verfolgung eigener Interessen bzw. zur Absicherung der eigenen Position dient und in keinen sozialen Kontext eingebettet ist, ist ein Machtmissbrauch naheliegend.

Typischerweise trifft die Macht von Führungskräften auf *Gegenmacht* bei den Geführten, d. h. diese verfügen ebenfalls – in gewissem Umfang – über Handlungsspielräume und Sanktionspotenziale, wie z. B. die (Nicht-)Vorbereitung von Schriftstücken, (Nicht-)Einhaltung von Deadlines oder das (Über-)Hören von Anweisungen. Allerdings ändert dies nichts daran, dass Macht in Organisationen grundsätzlich *asymmetrisch* verteilt sein sollte – und zwar zugunsten der Führungskraft. Ansonsten würde sich die Einflussnahme von Führenden und Geführten gegenseitig aufheben und eine systematische Wahrnehmung bzw.

Durchsetzung der Führungsaufgaben wäre nicht möglich (Weibler 2016, S. 141). Ähnlich hält es die Geschäftsführerin des *Landesverbands Soziokultur Sachsen* in ihrer Führungspraxis: „Gute Führung heißt für mich auch, dass Verantwortlichkeiten festgelegt werden, die von allen akzeptiert und der Form nach auch mandatiert sein müssen. Ich bin daher nicht die Chefin, die befiehlt, sondern die Teamleiterin, die unterstützt oder andere zur Verantwortungsübernahme ermutigt. Trotzdem liegt die schlussendliche Verantwortung immer beim mandatierten Verantwortungsträger und er oder sie hat im Zweifelsfall eine Entscheidungspflicht" (Pallas im Interview mit Oswald 2018).

Führungsinstrumente mit Fokus Kommunikation   3

Führungsinstrumente werden einerseits zur *Beeinflussung* von *individuellem* Verhalten sowie andererseits zur *Gestaltung* der *übergeordneten* Rahmenbedingungen von Führung eingesetzt. Vor diesem Hintergrund wird im Weiteren – auf vorhandenen Abgrenzungen in der betriebswirtschaftlichen Literatur aufbauend und diese weiterführend (u. a. Weibler 2016, S. 366; Stock-Homburg 2013, S. 557) – in *direkte* Führungsinstrumente mit Fokus Kommunikation und *indirekte* Führungsinstrumente mit Fokus Koordination unterschieden (Abb. 3.1). Die erste Instrumentengruppe wirkt in konkreten Führungssituationen, die Führungskraft setzt die Instrumente aktiv ein und gestaltet sie weitgehend individuell aus. Die Instrumente der zweiten Kategorie existieren unabhängig von konkreten Führungssituationen; sie stehen in der Organisation allgemein und weitgehend standardisiert zur Verfügung.

Die in Abb. 3.1 vorgenommene Kategorisierung dient der Strukturierung der weiteren Ausführungen, sie ist in der Praxis allerdings nicht ganz überschneidungsfrei. Dabei wird im Weiteren auch deutlich werden, dass die Instrumente im „Werkzeugkasten" der Personalführung nicht nur vielfältig, sondern z. T. auch herausfordernd in ihrer konkreten Anwendung sind. Vor diesem Hintergrund empfiehlt sich, im Zweifel eher weniger Instrumente einzusetzen, diese dafür aber mit Bedacht und Kompetenz. Letzteres unterstützt annahmegemäß auch die *Akzeptanz* des Instrumenteneinsatzes (und damit der Einflussnahme) aufseiten der Geführten.

© Springer Fachmedien Wiesbaden GmbH, ein Teil von Springer Nature 2020   13
A. Hausmann, *Cultural Leadership II*, essentials,
https://doi.org/10.1007/978-3-658-28677-4_3

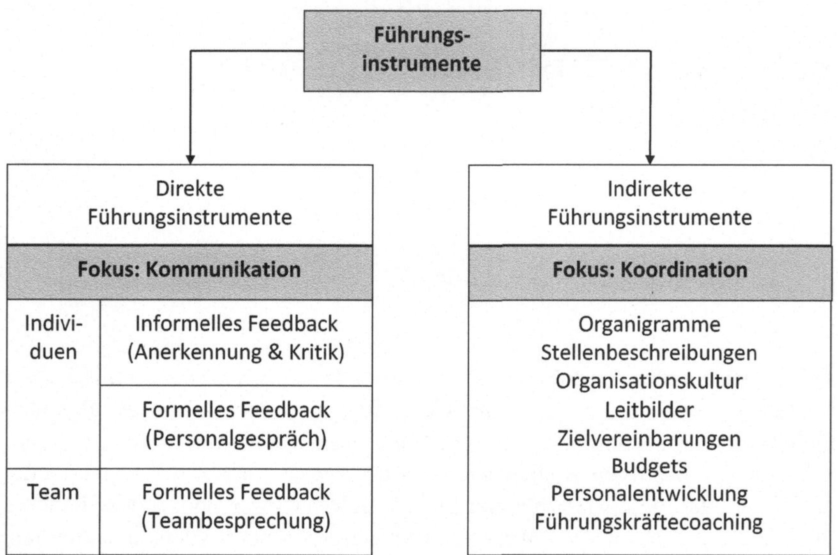

Abb. 3.1 Instrumente der Führung

3.1　Modell und Störfaktoren der Kommunikation

Bevor konkrete Führungsinstrumente vorgestellt werden, soll zunächst kursorisch in die theoretischen Zusammenhänge von Kommunikation eingeführt werden. Dies empfiehlt sich angesichts der Tatsache, dass Kommunikation eine *der* Tätigkeiten von Führungskräften ist (bzw. sein sollte), die am meisten Zeit in Anspruch nimmt (bzw. nehmen sollte). Zudem stellt sie in Kulturbetrieben, die in der Regel kaum andere Anreize setzen können, *das* Instrument zur Unterstützung der Motivation von Beschäftigten dar, die häufig dauerhaft herausfordernde Projekte trotz äußerst beschränkter Ressourcen meistern (müssen). Dabei gilt in Anlehnung an das Prinzip des „Management by Walking Around": Je höher die hierarchische Position ist, desto höher sollte der Anteil der direkten, persönlichen Kommunikation mit den Geführten sein. Führen bedeutet damit in erster Linie zu kommunizieren, da nur so Probleme identifiziert, analysiert und angegangen, Entscheidungen getroffen und Beziehungen gestaltet werden können. Der Erfolg von Führung (Kap. 5) hängt damit immer auch davon ab, wie gut es einer Führungskraft gelingt, Informationen zu senden, zu erhalten, zu verarbeiten bzw. zu verstehen und zu verteilen.

Im Rahmen von Führung ist Kommunikation idealtypisch mit dem Austausch von sachrelevanten, aufgabenbezogenen Informationen zwischen Führungskraft und Geführten befasst; benutzt werden dabei nicht nur *verbale,* sondern auch *non-verbale Signale* und *Symbole.* Dieser Austausch erfolgt zwischen mindestens zwei Personen, d. h. einem/r Sendenden und einem/r Empfangenden. Während der Austausch abläuft und Äußerungen gemacht und gehört werden, findet eine kontinuierliche Anpassung zwischen den Beteiligten statt: Die Sendenden sprechen bzw. verschlüsseln eine Botschaft, die wiederum von den Empfangenden entschlüsselt und – hoffentlich richtig – verstanden wird. Im Idealfall geben die Empfangenden ein Feedback auf das Verstandene, sodass ein Rückkopplungsprozess entsteht, in dem erneut eine Codierung und Decodierung von Nachrichten stattfindet.

Es liegt nahe, dass die Codierung und Decodierung von Informationen viel Raum für Missverständnisse bieten. Daher verwundert es nicht, dass ein typischer Satz, den die Autorin in ihrer Beratungspraxis häufig hört, lautet: „Wir haben bei uns ein Kommunikationsproblem!" Auch die zahlreichen Kommentare, die sich z. B. auf dem Arbeitgeberbewertungsportal *kununu* für ganz unterschiedliche Sparten finden lassen, belegen, dass es in allen Kulturbetrieben mehr oder minder große Probleme und Störfaktoren gibt (zwischen und innerhalb von Abteilungen, zwischen Stellen, zwischen verschiedenen Hierarchieebenen etc.). Wiederkehrend angemerkt werden dabei

- eine zu wenig wertschätzende, zu intransparente und zu hierarchische Kommunikation,
- die fehlende Regelmäßigkeit und/oder Effektivität von institutionalisierter Kommunikation (z. B. im Rahmen von wöchentlichen, gut geführten Meetings),
- damit einhergehend die hohe Bedeutung von informeller Kommunikation bzw. des „Flurfunks" und
- eine oftmals zu gering ausgeprägte Sachorientierung (stattdessen: persönliche Angriffe), Verbindlichkeit (im Sinne eines Einhaltens von Absprachen) und Konfliktfähigkeit.

Zur Veranschaulichung, warum Kommunikation so häufig nicht gelingt oder was beachtet werden kann, damit Kommunikation besser gelingt, bietet sich das Erklärungsmodell von Schulz von Thun (2011) an, das sich seit einer Einführung in vielen Organisationen bewährt hat. Im Kern dieses Modells steht das *Kommunikationsquadrat* (auch als Nachrichtenquadrat oder Vier-Ohren-Modell bezeichnet). Annahme ist, dass *jede/r,* der/die kommuniziert, auf vierfache Weise wirksam wird und dass *jede* Äußerung – gewollt oder nicht – vier Botschaften enthält (Schulz von Thun et al. 2019, S. 31 ff.). Aus dieser Komplexität von Botschaften ergeben sich, auch und gerade im Rahmen der Personalführung, zwangsläufig vielfältige Probleme zwischenmenschlicher Kommunikation. Diese sollen anhand eines simplen, aber ganz typischen Praxisbeispiels aufgezeigt werden: Die Leiterin eines städtischen Eigenbetriebs mit Schwerpunkt Darstellende Kunst und Musik, gerade zurück aus einem zweiwöchigen Urlaub, eilt am Büro ihres Mitarbeiters Programm und Marketing vorbei, blickt kurz hinein und sagt dann, fast schon im Weitergehen, „Hallo Herr Dr. Kulturmann, denken Sie bitte für das Sponsorentreffen heute Nachmittag an eine Kurzübersicht zu den wichtigsten Ergebnissen unserer Besucherbefragung?!". Wie Herr Kulturmann hierauf konkret reagiert, hängt u. a. davon ab, wie stark er jeweils welche der vier folgenden Botschaften hört.

- *Sachinformation:* Worüber wird informiert? Die o. g. Nachricht der Vorgesetzten an ihren Mitarbeiter enthält eine Sachinformation: eine Aufgabe soll erledigt, „key facts" vorbereitet werden. Dies ist allerdings nur *ein* Teil von dem, was sich zwischen Senderin und Empfänger der Botschaft abspielt.
- *Selbstkundgabe:* Was gibt die Senderin von sich selbst zu erkennen? Jede Äußerung enthält Informationen über die eigene Person und zwar sowohl hinsichtlich einer *gewollten* Selbstdarstellung (z. B. „ich denke an alles") als auch einer möglicherweise *unfreiwilligen* Selbstenthüllung (innere Befindlichkeit, wie z. B. „ich mache mir Sorgen, dass die Kurzübersicht noch nicht erstellt wurde und die Sponsoren uns schlecht vorbereitet finden"). In Abgrenzung zum nächsten Aspekt ist hervorzuheben, dass hier die „*Ich*-Botschaft" der Senderin dominiert, während es nachfolgend sowohl um eine „Du-" als auch um eine „Wir-Botschaft" geht.
- *Beziehungshinweis:* Was hält die Senderin vom Empfänger bzw. wie steht sie zu ihm? Dieser Hinweis zeigt sich häufig in der Art der Formulierung (höflich, distanziert, umgangssprachlich etc.), im Tonfall und in anderen nicht-sprachlichen Begleitsignalen (stehenbleiben, weitergehen etc.). Dabei ist hervorzuheben, dass der Empfänger für diese Seite der Nachricht „ein besonders empfindliches Ohr hat; denn hier fühlt er sich als Person in bestimmter Weise behandelt (oder misshandelt)" (Schulz von Thun 2011, S. 30). Dies kann dazu führen, dass zwar nicht der Sachinhalt einer Botschaft („die Erledigung der Arbeit"), sehr wohl aber die empfangene (besser: gehörte) Beziehungsbotschaft abgelehnt wird – am Ende ist die Kurzübersicht dann „tatsächlich" nicht erstellt worden.
- *Appell:* Wozu möchte die Senderin den Empfänger veranlassen? Fast jede Äußerung hat eine Funktion, d. h. der Empfänger soll, unabhängig von der

Beziehungsbotschaft, darin beeinflusst werden, etwas zu tun oder zu unterlassen, zu denken oder zu fühlen. Ob dieser Appellaspekt einer Äußerung gelingt, hat auch mit dem gleichzeitig gesendeten (oder gehörten) Beziehungshinweis zu tun. Das heißt, selbst ein objektiv vernünftiger Appell kann an einer (tatsächlichen oder vermeintlichen) Beziehungsbotschaft scheitern.

Die beteiligten Personen, ihre Persönlichkeit, ihr grundsätzliches Selbstwertgefühl, ihre aktuelle Verfassung etc. spielen eine zentrale Rolle im Hinblick auf das Gelingen oder Nicht-Gelingen von Kommunikation. Die Aussage „Sie haben aber gesagt…" ist damit sehr kritisch zu sehen und sollte im Sinne eines auskömmlichen Miteinanders prinzipiell vermieden werden. Der Nutzen des Kommunikationsmodell liegt – insbesondere in schwierigen Kommunikationssituationen – darin, den verschiedenen Dimensionen einer Äußerung nachzuspüren und im Zweifelsfall bei dem/der Sendenden nachzufragen, um „quadratische Klarheit" (Schulz von Thun 2011, S. 33) zu erreichen. Neben Unstimmigkeiten aufgrund einer Störung beim Senden und/oder Empfangen der vier Seiten einer Nachricht gibt es weitere Störfaktoren der Kommunikation, wie z. B. aufgrund

- *der räumlichen Situation:* Die Kommunikationssituation ermöglicht keine Konzentration auf die Inhalte (z. B. Lautstärke am Arbeitsplatz, Ablenkungen durch anwesende Kollegen/innen etc.).
- *der zeitliche Situation:* Die Kommunikation findet nicht im Rahmen eines geplanten Termins, sondern unangekündigt zwischendrin oder nebenbei – und damit für die Empfangenden unvorbereitet – statt (z. B. auf dem Flur, am Kopierer, am Ende einer Besprechung über andere Themen).
- *individueller Faktoren:* Hierzu gehören z. B. Diskrepanzen zwischen verbaler und non-verbaler Äußerung, unterschiedliche Kulturen bzw. Kommunikationsmuster und daraus resultierende Missverständnisse, Stereotypisierung von Äußerungen der Führenden („Chefgehabe", „typisch Verwaltungsdenken") bzw. der Geführten („typisch Künstler/in, Techniker/in etc.") und dadurch „nicht richtiges Zuhören", Projektionen eigener Gefühle, Annahmen etc. auf den/die Kommunikationspartner/in.
- *methodischer Faktoren:* Die Wahl des Kommunikationskanals ist für den Kommunikationsinhalt nicht gut geeignet (z. B. wird eine Botschaft per E-Mail oder das Intranet überbracht, die in einem persönlichen Gespräch hätte besser vermittelt werden können).

Mit Blick die angeführten Kanäle ist zu erwähnen, dass Kommunikation sowohl *formal* als auch *informell* stattfindet. Dieser Unterschied ist daher interessant, weil im Rahmen informeller Kommunikation oftmals wichtige Entscheidungen vorbereitet oder sogar getroffen werden.

- *Kanäle der formalen Kommunikation:* persönliches Gespräch (Protokoll), E-Mails, Memos, Protokolle, interner Newsletter, Intranet, Teamsitzungen, Vollversammlung etc.
- *Kanäle der informellen Kommunikation:* Mittagspause, Kaffeepause, Warten am Aufzug, Schulungen etc.

Wie bereits angedeutet, findet Kommunikation selbstverständlich nicht nur verbal statt. Selbst wenn die Führungskraft schweigt, kommuniziert sie: „Man kann nicht nicht kommunizieren" (Watzlawick 2011). Dabei ist empirisch belegt, dass über 50 % unserer Kommunikation nonverbal abläuft (hinzu kommen paraverbale Signale durch z. B. Stimmlage, Lautstärke, Sprechgeschwindigkeit; Röhner und Schütz 2016, S. 68). Wichtige Elemente sind:

- *Kinesik:* Mimik, Gestik, Körperhaltung und -bewegungen, sonstige Körpersprache,
- *Haptik:* Art und Intensität des Körperkontakts,
- *Blickkontakt:* findet statt/findet nicht statt, Dauer,
- *Raumsprache bzw. -verhalten:* Einhaltung/Nicht-Einhaltung von Intimitätszonen, Begrüßungsrituale.

Nonverbale Kommunikation begleitet einerseits die verbale Kommunikation, andererseits kann sie auch alleine stehen:

- Sie *ergänzt* die verbale Kommunikation (Gesten unterstreichen eine Äußerung),
- sie *ersetzt* die verbale Kommunikation (ein missbilligender Mundwinkel oder eine abgewandte Körperhaltung ersetzen eine ablehnende Äußerung),
- sie *widerspricht* der verbalen Kommunikation (während der Tonfall freundlich ist, lassen kinesische Merkmale auf andere Gefühle schließen).

Zusammenfassend ist deutlich geworden, dass Kommunikation nicht nur eine der wichtigsten, sondern auch eine der anspruchsvollsten Aufgaben von Führungskräften ist. Dabei gilt wohl der Zeitfaktor – gerade auch in Kulturbetrieben – als größte Herausforderung, die nur zu bewältigen ist, indem sich Vorgesetzte ritualisiert immer wieder Zeit einplanen und nehmen. In welchem konkreten Rahmen Kommunikation stattfinden kann, wird nachfolgend erläutert. Dabei wird gemäß Abb. 3.1 unterschieden in informelle und formelle Instrumente.

3.2   Informelles Feedback

Informelles Feedback wird hier verstanden als eine *laufende, arbeitsbegleitende* Rückmeldung an Geführte, die sich auf Arbeitsergebnisse und/oder das Verhalten auf dem Weg dahin bezieht und häufig ad-hoc gegeben wird. Gegenüber dem formellen Feedback (Abschn. 3.3) verfügt das informelle Feedback über mehr zeitliche Nähe zu konkreten Anlässen, d. h. der Erkenntnis- und/oder Steuerungseffekt ist unmittelbarer. Dabei sollten Vorgesetzte regelmäßig einen Perspektivwechsel vornehmen und auch selbst eine anlassbezogene Rückmeldung auf ihre Rolle einholen, um so z. B. die Gründe für eine möglicherweise fehl geschlagene Führungsmaßnahme (besser) zu verstehen.

Statt von Feedback, das zwangsläufig mal gut und mal weniger gut ausfallen wird, wird in Teilen des betriebswirtschaftlich orientierten Schrifttums auch von *Anerkennung* und *Kritik* gesprochen (u. a. Rosenstiel 2014b, S. 238; Stock-Homburg 2013, S. 445). Dabei wird davon ausgegangen, dass sich Geführte durch beides orientieren, informieren und motivieren lassen (z. B. Weibler 2016, S. 383 f.). Gegen diese Wirkungsziele werden allerdings in stärker praxisbezogenen Teilen der Führungsliteratur fundierte Einwände vorgebracht, v. a. mit Blick auf die postulierte Motivationsfunktion von Kritik. Welche Sichtweise ist nun zielführend für die Kulturbetriebspraxis? Zunächst ist Kritik ja nichts anderes ist als eine „{fachmännisch} prüfende Beurteilung und deren Äußerung in entsprechenden Worten" (Duden 2019a). Dieses wertneutrale Begriffsverständnis entspricht allerdings nicht dem allgemeinen Sprachgebrauch, in dem eine negative Konnotation von Kritik vorherrscht; hier greift die zweite Bedeutungserklärung des Duden, „das Kritisieren, Beanstanden, Bemängeln". Und es ist wohl letzteres, das u. a. den Führungsexperten Sprenger (2015, S. 205) formulieren lässt: „Kritik funktioniert nicht". Zur Begründung führt er Argumente an, die wohl manche Führungskraft aus eigener (leidlicher) Erfahrung bestätigen wird:

- Kritik lädt zur *Rechtfertigung* ein. Oft wird auf die Herleitung und Darlegung einer Begründung für ein bestimmtes Verhalten oder Arbeitsergebnis (zu) viel Zeit verwendet (anstatt gemeinsam und konstruktiv nach Lösungen zu suchen, wie es künftig besser gehen kann).
- Durch Kritik entsteht ein *Achtungsgefälle,* sie macht die beurteilte Person zu einem/r „Verlierer/in". Er/sie wird typischerweise versuchen, die angekratzte Selbstachtung wiederherzustellen. Häufig führt der Versuch der Kritikabwehr zudem dazu, dass nur das Problem gesehen, aber keine Lösung gesucht wird.
- Kritik entspricht grundsätzlich dem *Wahrnehmungs-* und *Bewertungsmuster* der sie äußernden Person. Damit fällt sie immer auch auf den/die Sendenden zurück und enthält (selbst-)biografische Bezüge.

- Typische Kategorien der Kritik, wie „richtig" oder „falsch", sind zwangsläufig *subjektiv.* Vor dem Hintergrund des eigenen Erlebens, der eigenen Annahmen etc. hat jeder der an einer Führungssituation Beteiligten zunächst einmal „recht".

Auch Echter (2011, S. 3 f.) hebt die *soziale* Botschaft hervor, die durch Kritik ausgesendet wird. Diese wird von den Empfängern/innen (unbewusst) als alarmierend und trennend wahrgenommen. Sie vertritt die These, dass der/die Kritisierende als irritierend, abwertend und negativ erlebt wird und sie ist der Überzeugung, dass Geführte sich eher abwenden und gerade nicht die Änderungsvorschläge der Führungskraft übernehmen, von der sie soeben in ihrem Handeln und Verhalten abgewertet wurden. Daher schlägt sie vor, dass Kritikritual, wie die meisten Führungskräfte es kennen und z. T. ohne „Anwendungskompetenz" (Weibler 2016, S. 384) als Führungsinstrument nutzen, durch Rituale der *Aufmerksamkeit* und *Wertschätzung* zu ersetzen (Abschn. 2.2). Führungskräften, die über ihre starken Wünsche sprechen können, über das, was sie Positives in die (Arbeits-)Welt bringen möchten, und die das tun, *ohne* andere Positionen abzuwerten, testiert sie eine höhere Wahrscheinlichkeit der Gefolgschaft als jenen, die das nicht tun (Echter 2011, S. 4). Dass dies gerade auch für Kulturbetriebe – mit ihren häufig beschränkten Möglichkeiten zur Setzung von Anreizen (Karriereförderung, Gehalt etc.) und der daraus resultierenden besonderen Bedeutung von Kommunikation als Führungsinstrument – ein empfehlenswerter Weg ist, belegen u. a. die (wenigen) positiven Kommentare auf der Arbeitgeberbewertungsplattform *kununu,* in denen Vorgesetzte kultursparten-unabhängig als teamorientiert, respektvoll, wertschätzend, fair und inspirierend beschrieben werden.

Zum Abschluss bietet sich ein Rückgriff auf die Erkenntnisse in Abschn. 2.2 an. Denn ein schematischer, wenig authentischer Einsatz der in populärwissenschaftlichen Praxisratgebern zahlreich gegebenen Handlungsempfehlungen (wie z. B. die *Sandwichtaktik,* bei der eine kritische Rückmeldung grundsätzlich zwischen zwei freundlichen Botschaften „eingepackt" werden soll) kann darin enden, dass sich Geführte nicht ernst genommen fühlen – und das Feedback insgesamt entwertet wird. In diesem Zusammenhang hebt Zierold (2018) hervor, dass eine wirksame Feedbackkultur eine entsprechende *Haltung* erfordert:

> „Wer konstruktiv Feedback geben möchte, braucht dafür nicht zwingend schematische Regeln, so hilfreich diese zur Orientierung auch sein können. Er braucht zunächst Haltung. Daraus ergibt sich (beinahe) automatisch ein konstruktives Feedback: Wenn ich der Überzeugung bin, dass meine Mitarbeiter grundsätzlich nach

bestem Wissen und Gewissen versuchen, ihre Rolle konstruktiv auszufüllen, und dazu auch prinzipiell befähigt sind, wenn ich sie darüber hinaus für lernfähig und lernwillig halte und ihnen das Recht zugestehe, mit Respekt behandelt zu werden, dann folgt aus dieser Haltung eine Feedbackkultur, die sich der genannten Regeln bedienen kann (aber nicht schematisch bedienen muss). Wenn ich jedoch die Überzeugung habe, dass meine Mitarbeiter faul und lernunwillig sind, ihren persönlichen Nutzen auf Kosten der Organisation maximieren möchten und mehrheitlich für ihre komplexen Aufgaben nicht qualifiziert sind, dann kann ich noch so sehr diese Feedbackregeln befolgen, meine Haltung wird sich dennoch mindestens nonverbal ausdrücken. Die Ich-Botschaft wirkt dann wie auswendig gelernt, hölzern, bemüht. Man merkt die Absicht und ist verstimmt".

Eine solche Haltung und Stimmigkeit im Gesamtauftritt der Führungskraft kann allerdings nicht losgelöst von der vorherrschenden *Organisationskultur* (Kap. 4) erreicht werden. Es braucht vielmehr eine „Konstellation doppelter Stimmigkeit" (Zierold 2018), die einerseits zwischen dem Handeln und der Haltung einer Führungskraft bestehen sollte und andererseits zwischen ihrer individuellen Haltung und der organisationalen Kultur. Hier zeigt sich, wie eng Führungsinstrumente mit Fokus Kommunikation und solche mit Fokus Koordination miteinander verflochten sind.

3.3   Formelles Feedback

Das formelle Feedback, hier verstanden im Sinne eines geplanten, mit einer Agenda bzw. Tagesordnung vorab festgelegten, strukturierten Austauschs, bezieht sich auf ein Gespräch mit einem *Individuum* (Personalgespräch) oder mit einer *Gruppe* (Teambesprechung).

3.3.1   Personalgespräche

Vom laufenden, informellen Austausch zwischen Geführten und Führenden grenzt sich das formalisierte Personalgespräch ab, das aufgrund seiner interdisziplinären Bezüge (betriebswirtschaftliche Zielsetzung, rechtliche Fragen, psychologische Herangehensweise etc.) zu den komplexeren Instrumenten im Werkzeugkasten von Führungskräften gehört (und im Kontext dieses *essentials* auch nur oberflächlich behandelt werden kann). Der Gesprächsinhalt bezieht sich typischerweise auf die Arbeitsergebnisse und die Zusammenarbeit mit dem/der Geführten in einer bestimmten Periode (z. B. Spielzeit, Geschäftsjahr), aber auch

Disziplinarmaßnahmen etc. können Thema sein. Sinnvollerweise sollte auch die Führungskraft in ihrer Rollenverantwortung für Strukturen und sonstige Rahmenbedingungen Bestandteil dieses formellen Feedback sein, wie Operndirektorin Berman hervorhebt: „Ich finde es auch wichtig, Mitarbeitergespräche zu führen, in denen man sich gegenseitig Feedback gibt" (Moghimi 2018). Letzteres setzt allerdings voraus, dass sich nicht nur die Führungskraft, sondern auch die Geführten sorgfältig auf das Gespräch vorbereiten.

Das Mitarbeitergespräch hat im Laufe der sich in vielen Organisationen verändernden Beziehungen zwischen Führenden und Geführten das klassische Personal*beurteilungs*gespräch ersetzt, das einseitig und wenig dialogisch ausgerichtet war (Weibler 2016, S. 404 f.). Demgegenüber geht es in der moderneren Form des Mitarbeitergesprächs um einen eher partnerschaftlichen, kooperativen Austausch, wie auch der Intendant des *Staatstheaters Darmstadt* betont: „Kommunikation ist nie eine Einbahnstraße und wir möchten erreichen, dass sich alle Betriebsstufen auf Augenhöhe austauschen können" (Schütz 2018).

Gerade für Kulturbetriebe ist hervorzuheben, dass Mitarbeitergespräche Opportunitätskosten produzieren (das Gespräch bindet knappe Ressourcen, Arbeit bleibt an anderer Stelle unerledigt, es kann emotional herausfordernd sein und alle Beteiligten vorher und hinterher beschäftigen etc.). Das Personalgespräch sollte daher keinen institutionalisierten Selbstzweck darstellen (hierzu auch DLF 2019, ab Minute 24:35), sondern über einen tatsächlichen Mehrwert verfügen, der prinzipiell von einem hohen Professionalisierungsgrad abhängt – also von einer planvollen Vorbereitung, strukturierten Durchführung und systematischen Nachbereitung. In der Kulturbetriebspraxis ist es allerdings so, dass der hierzu erforderliche – zeitliche, organisatorische, mentale – Aufwand häufig gescheut wird und eine solche Besprechung damit, wie auch die Geschäftsführerin des *Landesverbands Soziokultur Sachsens* offen zugibt, „leider (…) nicht immer die Priorität genießt, die sie sollte" (Oswald 2018a).

Dass es sich jedoch lohnt, an dieser Stelle Ressourcen zu investieren, betonen jene, die das Instrument bereits erfolgreich einsetzen. Neben dem *Staatstheater Darmstadt,* wo die Feedbackgespräche institutionalisiert wurden und nach Rückmeldungen an den Intendanten auch „sehr gut aufgenommen werden" (Schütz 2018), trifft dies z. B. auch auf das *HAU Hebbel am Ufer* zu, wo die Intendantin an die guten Erfahrungen aus ihrer vorherigen Arbeitsstation angeknüpft hat: „Auch da habe ich viel aus Rotterdam mitgebracht. Dort hatten wir zum Beispiel ein stringentes System für MitarbeiterInnengespräche zweimal im Jahr. Das Prinzip, dass man mit den MitarbeiterInnen darüber spricht, wo es hingehen soll, welche Wünsche es gibt und was besser sein könnte, war neu am HAU, ist mittlerweile aber auch hier gängige Praxis" (Oswald 2018b).

Wie könnte ein solches formelles Feedback nun professionell ablaufen? Hierzu empfiehlt sich ein phasenorientierte Strukturierung, wie sie nachfolgend in der hier erforderlichen Kürze skizziert wird (ausführlich z. B. Mentzel et al. 2017).

Vorbereitungsphase
In diese Phase fallen Entscheidungen bezüglich

- der Terminvereinbarung (rechtzeitig und mit Blick auf eine für alle am Gespräch Beteiligten geeignete Zeitpunktwahl),
- des Gesprächsorts (offene, störungsfreie Atmosphäre, Raumwahl, Besprechungstisch, Sitzordnung etc.),
- der Gesprächsdauer (situationsflexibel innerhalb eines angemessenen, vorab kommunizierten Rahmens),
- der Gesprächsziele und -inhalte, bei Jahres-/Beurteilungsgesprächen typischerweise inkludierend:
  - *Rückblick:* Was war wie? Ziel- und kriteriengeleitete Besprechung abgeschlossener und/oder laufender Projekte bzw. Leistungen.
  - *Standortbestimmung:* Wo steht der/die Geführte warum? Hierbei geht es sowohl um Leistungen als auch um weitere Themen, wie z. B. die innerbetriebliche Situation (Zusammenarbeit mit dem eigenen Team oder anderen Abteilungen, Arbeitsbedingungen etc.)
  - *Ausblick:* Was soll sein? Ziel- und kriteriengeleitete Besprechung bzw. Abstimmung laufender und künftiger Projekte; die hierbei gemeinsam festgelegten Ziele stellen wiederum die Ausgangsbasis für das nächste Personalgespräch dar.

Durchführungsphase
Für eine strukturierte Durchführung sollte dem Personalgespräch ein Leitfaden zugrunde gelegt werden; dieser hilft, insbesondere bei schwierigeren Besprechungen, das Gesprächsziel und die zu besprechenden Punkte im Blick zu behalten. Der Durchführungserfolg wird dabei immer auch vom gewählten Gesprächs*stil* abhängen, d. h. davon wie stark oder schwach, direktiv oder nondirektiv die Führungskraft das Gespräch steuert und in welchem Umfang sie auf die Sichtweise des/der Geführten Bezug nimmt. Wie immer die Entscheidung diesbezüglich im Einzelnen ausfällt – die Führungskraft trägt die Rollenverantwortung dafür, dass die Redeanteile dem jeweiligen Anlass (Jahresgespräch, Fördergespräch, Disziplinargespräch etc.) gemäß verteilt sind und eine belanglose, unfokussierte Plauderei prinzipiell vermieden wird. Gleichzeitig stehen alle

Gesprächsteilnehmer/innen in der Verantwortung, aktiv zuzuhören, im Zweifel nachzufragen und insgesamt ihren Beitrag zu einem gelingenden, respektvollen Informationsaustausch zu leisten. Dass dies eine hohe, nicht zu unterschätzende Herausforderung für Führungskraft und Geführte gleichermaßen darstellt, ist bereits herausgearbeitet worden.

Nachbereitungsphase
Beide am Gespräch beteiligten Parteien, Führungskräfte *und* Geführte, tragen darüber hinaus Verantwortung für die Einhaltung, Überprüfung etc. des im Gespräch Vereinbarten. Es ist daher zu empfehlen, dass Besprochene als Ergebnisprotokoll zu dokumentieren und ggf. erforderliche Maßnahmen zeitnah einzuleiten.

3.3.2 Teambesprechungen

Teambesprechungen – auch: Dienst-/Mitarbeiterbesprechungen oder Teamsitzungen – sind regelmäßig stattfindende Zusammenkünfte (einer ausgewählten Gruppe) von Mitarbeitern/innen mit dem Ziel eines fokussierten Austauschs von relevanten Informationen zum Organisationsalltag (insbesondere zur Herstellung von Transparenz, gemeinsamen Analyse von Entwicklungen, Vorbereitung oder Findung von Entscheidungen etc.). Der Sinn von Teambesprechungen geht allerdings weit über diesen Informationsaustausch hinaus. So bieten Teambesprechungen die – nicht zu unterschätzende – Gelegenheit, um

- die *Zugehörigkeit* zu einer Gruppe und das „Wir-Gefühl" zu stärken (in Abgrenzung zu anderen Gruppen, z. B. anderen Abteilungen innerhalb des Kulturbetriebs, aber auch gegenüber anderen Wettbewerbern etc.) und den *Kontakt* untereinander zu pflegen (weswegen sie prinzipiell nicht abgesagt werden sollten, selbst wenn nur wenige Themen auf der Tagesordnung stehen).
- gemeinsame und individuelle *Erfolgserlebnisse* herauszustellen und sich daran zu erfreuen (abgeschlossene Projekte, erreichte Ziele, Auszeichnungen, positive Resonanz von Stakeholdern etc.).
- die *Rollen* einzelner Teammitglieder zu stärken. Im Idealfall passen die verschiedenen und notwendigen Rollen des Moderators, der Ideenfinderin, des Provokateurs, der Visionärin, des Mahners, der Schlichterin etc. so zusammen, dass innerhalb des Teams die Rollen- und Machtverteilung stabil und anerkannt ist.

- *Rituale* und *Routinen*, d. h. standardisierte Handlungsabläufe zu etablieren, die Berechenbarkeit, Orientierung und Sicherheit geben und die emotionale Bindung nähren. Hierzu gehört die Einhaltung von Pünktlichkeit, das Händeschütteln, ein gegenseitiges Anbieten von Speisen und Getränken, Dankesworte des/der Sitzungsleitenden etc. (Echter 2011, S. 16 f.).

Auch Teamsitzungen lassen sich phasenorientiert strukturieren (ausführlich u. a. Mentzel et al. 2017). In der *Vorbereitungsphase* werden Themen gesammelt, die – soweit von dem/der Führungskraft als sitzungsrelevant eingeschätzt – möglichst so zusammengestellt werden, dass sich ein sachlogischer Sitzungsablauf ergibt; hieran anschließend wird mit einer rechtzeitigen Einladung über diesen Ablauf vorinformiert. Die Einladung enthält neben der Tagesordnung eine Information zum Ort, den Teilnehmenden sowie zur Dauer, d. h. zum Anfang, aber natürlich auch zum Ende der Teamsitzung. Eine Empfehlung, an die sich noch immer überraschend viele Führungskräfte in Kulturbetrieben nicht halten – mit prognostizierbaren Konsequenzen für die Disziplin bei Redebeiträgen und die Ergebnisfindung.

Auch die *Durchführungsphase* der Teamsitzung enthält Fallstricke, die es zu vermeiden gilt. Zunächst sind organisatorische Aufgaben zu verteilen: Wer führt das Sitzungsprotokoll, das grundsätzlich als Ergebnisprotokoll anzufertigen ist, und wer leitet bzw. moderiert die Sitzung? Der/die Sitzungsleitende hat großen Einfluss auf das Gelingen der Teamsitzung, er oder sie

- verabschiedet u. a. das Ergebnisprotokoll der letzten Teamsitzung,
- führt durch die Tagesordnung,
- achtet darauf, dass die Zeit eingehalten wird und in der Sitzung sorgsam mit knappen Ressourcen des Kulturbetriebs umgegangen wird,
- achtet darauf, dass es zu allen entscheidungsrelevanten Tagesordnungspunkten ein Ergebnis gibt,
- behält die Spielregeln guter und wertschätzender Kommunikation im Blick, sodass Mitarbeiter/innen einerseits aussprechen dürfen, andererseits aber auch zur Fokussierung von Wortbeiträgen angehalten werden.

Teambesprechungen sind ein Instrument, das bei der Bewertung von Arbeitgebern im Kulturbereich von Mitarbeitern/innen regelmäßig (negativ) angeführt wird. Auf der bereits erwähnten Arbeitgeberbewertungsplattform *kununu* beschweren sich Geführte z. B. wiederholt darüber, dass solche Sitzungen nicht oder zu selten stattfinden, bereits terminierte Runden kurzfristig abgesagt werden, die inhaltliche Diskussion von der Leitung zu einseitig gesteuert wird bzw. die Mitarbeiter/innen zu wenig einbezogen werden oder die Gesprächskultur insgesamt wenig wertschätzend ist. Weitere Störfaktoren liegen z. B. im Vertändeln von (wertvoller) Zeit – auch Teamsitzungen unterliegen dem Opportunitätskostenprinzip im Sinne eines entgangenen Nutzens alternativer Zeitverwendung. Typisch ist weiterhin, dass ein wichtiges Problem zwar in der Sitzung angesprochen wird, am Ende aber trotz i. d. R. längerer Aussprache keine konkrete Lösung mit Maßnahmenplan festgehalten wird. Dies lässt sich verhindern, indem z. B.

- das Thema explizit auf der Tagesordnung steht,
- der/die für das Thema Verantwortliche eine kurze Problemanalyse vorbereitet, die auch erste Vorschläge für eine mögliche Lösung bzw. Entscheidung beinhaltet,
- die anderen Teammitglieder auf Basis dieser Vorschläge in konstruktiver Diskussion zur Lösungsfindung beitragen,
- eine verbindliche Entscheidung darüber getroffen wird, ob die gefundene Lösung abschließend tragfähig ist oder ob ggf. weitere Informationen gesammelt werden müssen, die Entscheidungsfindung also auf die nächste Sitzung zu vertagen ist,
- Konflikte, die im Rahmen der Problemlösung z. B. durch die Neuverteilung von Aufgaben zwischen Teammitgliedern entstehen, zwar im Rahmen der Teamsitzung offengelegt, aber nicht ausdiskutiert werden. Dazu sollten Einzel- oder Gruppengespräche geführt werden und die dann – hoffentlich – gefundene Konfliktlösung in einer der nächsten Sitzungen den anderen Organisationsmitgliedern mitgeteilt werden.

In der *Nachbereitungsphase* ist u. a. das Ergebnisprotokoll der Teamsitzung anzufertigen und durch die Führungskraft freizugeben.

Führungsinstrumente mit Fokus Koordination

4

Die im vorigen Kapitel beschriebenen, direkt auf die Führungsbeziehung wirkenden Instrumente mit Fokus Kommunikation bleiben in ihrer Wirksamkeit eingeschränkt, wenn sie nicht von *indirekt* wirkenden Führungsinstrumenten mit Fokus Koordination flankiert werden. Die Reihenfolge der weiteren Darstellung folgt dabei einer inneren Logik, d. h. sie orientiert sich an dem, was zunächst vorhanden sein sollte, was sozusagen zur Grundausstattung im Werkzeugkasten von Führungskräften bzw. Organisationen gehört, bevor im Weiteren dann filigranere Instrumente eingesetzt werden (kurzum: zunächst muss eine aufgabenorientierte Organisations*struktur* und eine beziehungsorientierte Organisations*kultur* vorliegen bevor z. B. individuelle Zielvereinbarungsprozesse erfolgreich angestoßen werden können).

4.1 Organigramme und Stellenbeschreibungen

Im Organigramm wird die Konfiguration der *Aufbauorganisation* eines Kulturbetriebs abgebildet. Die Aufbauorganisation stellt die Antwort auf die Frage dar, wie die komplexe *Gesamt*aufgabe einer Organisation möglichst sinnvoll in überschaubare, selbstständig bearbeitbare *Teil*aufgaben gegliedert werden kann. Durch die Aufbauorganisation entsteht eine Struktur, aus der sich einerseits die Aufgabenverteilung und -verantwortung ergibt und die andererseits ein Zusammenspiel der einzelnen Strukturelemente so fördert, dass die Gesamtaufgabe trotz arbeitsteiligem Handeln tatsächlich erfüllt wird. In diesem Kontext veranschaulicht das Organigramm eines Kulturbetriebs

© Springer Fachmedien Wiesbaden GmbH, ein Teil von Springer Nature 2020 27
A. Hausmann, *Cultural Leadership II*, essentials,
https://doi.org/10.1007/978-3-658-28677-4_4

- in einer groben Darstellung, welche Funktionsbereiche bzw. Abteilungen und (Leitungs-)Stellen grundsätzlich vorhanden sind (siehe hierzu z. B. die Organigramme von *Steglitz Museum* oder *Naturhistorisches Museum Fribourg;* Stand Juli 2019).
- in einer detaillierteren Darstellung, die konkrete Bezeichnung, hierarchische Einordnung und inhaltliche Zuordnung von Organisationseinheiten (siehe hierzu z. B. die Organigramme von *Stiftung Haus der Geschichte der Bundesrepublik Deutschland* oder *Albertina Museum Wien;* Stand Juli 2019), sodass sich hieraus auch Informationen über die Weisungsbeziehungen, Kommunikations- und Entscheidungswege ableiten lassen.
- in einer noch ausführlicheren Darstellung, wer konkret welche Stelle innehat (Name, Durchwahl etc.) und für welche Bereiche bzw. Aufgaben diese Person innerhalb welcher Zuordnung (z. B. Abteilung) verantwortlich ist (siehe hierzu z. B. den Organisationsplan von *Ministerium für Kultur und Wissenschaft des Landes Nordrhein-Westfalen* oder *Goethe-Institut;* Stand August 2019).

Organigramme sind kein Allheilmittel, z. B. weil sie bei zunehmender Betriebsgröße schnell unübersichtlich werden, die Sekundärorganisation (hierarchieübergreifende Gremien, Projektgruppen etc.) nicht berücksichtigen oder weil die informellen Strukturen stark von der formalen Organisation abweichen (Träger 2018, S. 76 f.). Dennoch ermöglichen Organigramme eine erste Einschätzung dahin gehend, wo es in der Kulturbetriebspraxis zu Spannungen und Reibungsverlusten kommen könnte, wie nachfolgende Beispiele zeigen:

- *Widersprüche in der Ausgestaltung von Abteilungen:* Marketing wird hier – der vorherrschenden Meinung in der Marketingliteratur folgend – als ein übergeordnetes, strategisches Führungskonzept verstanden, dem die Aufgabenbereiche Kommunikation (inklusive Öffentlichkeitsarbeit) und Vertrieb als Instrumente des Marketing-Mix subsumiert sind (ausführlich Hausmann 2019b, S. 48 ff.). Wenn dann, wie in der Kulturbetriebspraxis häufig der Fall, das Marketing als *Stelle* der Abteilung Kommunikation oder Öffentlichkeitsarbeit zugeordnet (und damit untergeordnet) wird und sich auf gleicher Hierarchieebene mit z. B. dem Vertrieb oder Service befindet, so können hieraus Führungsprobleme entstehen und/oder die (strategischen) Potenziale von Marketing ungenutzt bleiben.
- *Unvereinbarkeiten in der Aufhängung von Abteilungen:* In der Kulturpraxis finden sich immer wieder Fälle, in denen nach einem Zusammenschluss zweier ehemals selbstständiger Funktionsbereiche ein/e Abteilungsleiter/in nunmehr dem/der anderen Abteilungsleiter/in untergeordnet wurde. Das ist

für sich genommen schon eine große Herausforderung, wird aber noch problematischer, wenn sich dieses neue Unterordnungsverhältnis im Organigramm durch die Beibehaltung der ehemals selbstständigen Funktionsbereiche „in der Linie" zweideutig abbildet. Dies führt in der Praxis – v. a., wenn die Personen dieselben bleiben – zwangsläufig zu hoch konfliktären Führungssituationen.

- *Widersprüche im Instanzenbild (Stellenbezeichnung, Über-/Unterordnung):* Es ist bereits in Teil I dieses *essentials* darauf verwiesen worden, dass sich in der Kulturbetriebspraxis Abteilungen finden, die ausschließlich mit „Leitungs"stellen ausgestattet sind, von denen jedoch keine über Weisungsbefugnisse bzw. Personal verfügt (Hausmann 2019a, S. 22). Die Gleichrangigkeit besteht hier also lediglich im Organigramm bzw. „auf dem Papier", de facto aber ist die Abteilungsleitung die einzige – im Begriffsverständnis von Führungskraft – agierende Person.
- *Unverbundenheit bzw. fehlende Zuordnung einzelner Stellen:* Des Weiteren finden sich in der Kulturbetriebspraxis regelmäßig Organigramme, in denen einzelne Stellen unverbunden mit anderen Abteilungen bzw. der Gesamtorganisation bleiben (z. B. entstanden durch ehemalige Drittmittel-/Projektstellen, die später verstetigt wurden). In solchen Fällen ist es nicht verwunderlich, wenn sich die Stelleninhaber/innen isoliert fühlen und über mangelnde Anbindung und Wertschätzung ihrer Arbeit klagen.

Insgesamt ist deutlich geworden, dass das Organigramm ein wichtiges indirektes Führungsinstrument darstellt, dessen Ausgestaltung großen Einfluss auf Entscheidungsprozesse und das Tagesgeschäft hat. Die hierin abgebildeten Stellen sollten grundsätzlich mit einer fundierten *Stellen-* bzw. *Arbeitsplatzbeschreibung* hinterlegt sein. Eine solche enthält die schriftliche, sachbezogene, d. h. unabhängig von einer Person gültige Beschreibung einer Stelle hinsichtlich folgender Aspekte:

- *Instanzenbild bzw. Einordnung in die Aufbauorganisation:* hierzu gehören z. B. die Stellenbezeichnung, der hierarchische Rang und damit die hierarchische Beziehung zu anderen Stellen (Über-/Unterordnung bzw. Weisungsbefugnisse), passive und aktive Stellvertretungsregelung (durch wen vertreten bzw. wen zu vertreten).
- *Aufgabenbild:* umfasst z. B. die Ziele der Stelle, ihre laufenden Aufgaben (sowie ggf. Sonderaufgaben), ihre Kompetenzen bzw. Befugnisse im Innenverhältnis (z. B. Budgetverfügung, Entscheidungsbefugnisse, Einflussrechte) und ggf. besonderen Vollmachten im Außenverhältnis sowie ihre Verantwortung/Pflichten.

- *Informations-, Kommunikations- und Kooperationsbild:* bezieht sich z. B. auf die Berichtswege, Informationspflichten, Abstimmung bzw. Zusammenarbeit mit anderen Stellen/Abteilungen.
- *Anforderungsbild an Stelleninhaber/innen:* hierzu gehören neben fachlichen Qualifikationen (Art der Ausbildung bzw. Berufserfahrung, Branchenkenntnisse etc.) auch soziale Fähigkeiten (Teamfähigkeit, Belastbarkeit etc.).

Neben dem Organigramm ist also auch die Stellenbeschreibung ein wichtiges indirekt wirkendes Führungsinstrument, das zur Grundausstattung im Werkzeugkasten von Führungskräften gehört. Beide Instrumente unterstützen Vorgesetzte in einer Vielzahl von Entscheidungssituationen, so z. B. bei der

- Einführung neuer Mitarbeiter/innen in ihr Aufgabengebiet und in die Struktur der Gesamtorganisation,
- Identifizierung von Qualifizierungslücken bzw. der Begründung von Qualifizierungsbedarfen aktueller Stelleninhaber/innen,
- Bewertung bzw. Eingruppierung von Stellen,
- Analyse und Schlichtung von Kompetenzgerangel unter Geführten (Werum 2014, S. 10 ff.).

Sollen Organigramme und Stellenbeschreibungen ihren Funktionen tatsächlich gerecht werden – und damit mehr sein als ohne Einbindung in den praktischen Führungsalltag existierende Instrumente (Weibler 2016, S. 428) – dann sind sie mit dem organischen Wandel eines Kulturbetriebs in Einklang zu bringen und entsprechend regelmäßig zu überprüfen bzw. zu aktualisieren.

4.2 Organisationskulturen und Leitbilder

Organigramme und Stellenbeschreibungen stehen in einem engen Verhältnis mit der *Organisationskultur.* Diese fungiert als Oberbegriff und bezieht sich auf die „DNA" eines Kulturbetriebs, d. h. auf jene Traditionen, Normen und Werte, die das Handeln der Organisationsmitglieder prägen und eine Art ungeschriebener Verhaltenskodex darstellen (Schein und Schein 2018). Die Organisationskultur lässt sich verknappt und praxisnah mit folgender Formulierung auf den Punkt bringen: „So arbeiten wir hier". Dabei ist in Teil I dieses *essentials* bereits darauf hingewiesen worden, dass eine solche Organisationskultur durchaus auch „ungesund" oder sogar „schädlich" für ihre Mitglieder sein kann (Hausmann

2019a, S. 18 f.). Vor allem von Führungskräften, die neu eingestellt wurden und voller Tatendrang sind, ist daher zu berücksichtigen, dass

- sich die Organisationskultur über viele Jahre entwickelt und verfestigt hat,
- sie u. U. durch möglicherweise gar nicht mehr dem Kulturbetrieb zugehörige Persönlichkeiten geprägt wurde und
- sie durch die gezielte Rekrutierung neuer Organisationsmitglieder verfestigt oder verändert werden kann.

Hier braucht es in den meisten Fällen viel Zeit, viele Gespräche, manche harte Entscheidung (Entmachtung, Versetzung, Kündigung etc.) und fortgesetztes eigenes „vorbildliches" Verhalten, bis dieses indirekte Führungsinstrument im Hintergrund so wirken kann, wie es sich eine Führungskraft wünscht.

Zu einer Organisationskultur, die gelingende Führungsbeziehungen fördert, gehört die Schaffung von Rahmenbedingungen solcherart, dass sich Geführte respektiert und unterstützt fühlen (ausführlicher Hausmann 2019a, S. 33 ff.). Dies inkludiert eine funktionsfähige *Fehlerkultur,* die allerdings in vielen Kulturbetrieben noch wenig ausgeprägt ist, wie der Intendant des *Staatstheaters Darmstadt* bestätigt:

> „Hier sind wir bei einem Thema, das mir besonders wichtig ist und worüber noch viel zu wenig im Kulturbereich gesprochen wird: eine gesunde Fehlerkultur. Prozesse, Strukturen und Zusammenarbeit können nur besser werden, wenn man Fehler erkennt, als solche akzeptiert und aus ihnen lernt. Ich hatte im Laufe meiner Berufsjahre unendlich oft die Situation, dass viel Energie darin investiert wird, zu erklären, dass man keinen Fehler gemacht habe oder dass der Fehler kein Fehler war. Und wenn hier keine Erkenntnis passiert, wird er immer wieder passieren, das liegt nahe" (Wiegand im Interview mit Schütz 2018).

Damit knappe Ressourcen nicht für die Fehler*begründung,* sondern für die Fehler*behebung* und künftige *-vermeidung* verwendet werden, ist eine Organisationskultur erforderlich, in der sich Geführte (und Führende) „sicher" fühlen:

> „Zuerst ist es eine Frage des Bewusstwerdens, dass ein Fehler passiert ist. Aber viel wichtiger ist es, dass Fehler in einem Unternehmen nicht zwangsläufig mit Sanktionen geahndet werden oder zu einem spürbaren Nachteil für die Mitarbeiterinnen und Mitarbeiter führen. Dann wird so etwas natürlich bis zum bitteren Ende abgewehrt. Es gibt sicher gravierende Fehler, die Konsequenzen haben müssen. Aber im Gros handelt es sich doch um solche, die eher weniger Schaden anrichten. Und wenn hier eine Kultur bei den Vorgesetzten dahingehend herrscht, dass jedem mal Fehler

passieren, und man den Fokus darauflegt, daraus zu lernen und es das nächsten Mal besser zu machen, dann wird weniger Energie für die Abwehr aufgebracht" (Wiegand im Interview mit Schütz 2018; ähnlich Steindorfer 2014).

Ein wichtiges Element sind in diesem Zusammenhang *Leitbilder,* die eine Verschriftlichung der aktuellen Organisationskultur bzw. eines gewünschten Idealzustands darstellen. Zuweilen werden Leitbilder bzw. die hierin verwendeten Formulierungen als zu plakativ, vage oder idealtypisch kritisiert. Allerdings ist bei diesem Instrument bereits der Weg das Ziel: Vor der finalen Verschriftlichung steht i. d. R. ein längerer, z. T. reibungsintensiver bzw. konfliktträchtiger Prozess von bis zu einem Jahr, in dem die Organisationsmitglieder Prioritäten, Werte und Ziele miteinander verhandeln (müssen). Wird dieser Prozess gut moderiert, so die Erfahrung der Autorin, dann kann er eine Dynamik entfalten, die sich nachhaltig positiv auf die Organisationskultur auswirkt und weit über die niedergeschriebenen Worte hinausreicht. In solchen Fällen sind Leitbilder ein gut geeignetes Instrument zur indirekten Gestaltung von Führungsbeziehungen in Kulturbetrieben.

4.3   Zielvereinbarungen und Budgets

Zielvereinbarungen – auch: „management by objectives" – stellen ein mittelbar wirkendes Führungsinstrument dar, das (auch) in der Kulturmanagementliteratur bereits seit längerem diskutiert wird (u. a. Klein 2009, S. 105 ff.). *Ziele* sind in diesem Kontext zu verstehen als konkrete, arbeitsplatz- bzw. aufgabenbezogene Soll-Zustände in einer definierten Zukunft. Die *Vereinbarung* bezieht sich auf die (frühzeitige) Einbeziehung der Geführten in den Prozess der Zielfindung und -festlegung. Eine positive Wirkung von Zielvereinbarungen auf die Führungsbeziehung und Führungsbeteiligten – bei den *Geführten* z. B. eine verbesserte Orientierung hinsichtlich der Prioritätensetzung beim Verbrauch von Ressourcen und eine Stärkung der Selbstverantwortung, bei den *Führungskräften* v. a. Entlastung und Komplexitätsreduktion – setzt explizit einen gemeinsamen Austausch und Konsens über unter den gegebenen Bedingungen anstrebenswerte/realistische Soll-Zustände aus.

Angesichts der leistungs- und orientierungsfördernden Eigenschaften von Zielen erscheint dieses Führungsinstrument besonders geeignet für den Kulturbereich, in dem konkrete Ziele noch immer viel zu selten festgelegt werden. Dies findet auch die Leiterin des Personalbereichs im *Landesmuseum Joanneum:* „Zielvereinbarungen und Leistungsbeurteilung haben sich längst, unabhängig von der Größe der Organisation, als wirkungsvolle Führungsinstrumente bewiesen. Sie helfen einfach die Beziehung zwischen der Führungskraft und dem Geführten zu strukturieren, klarer und transparenter zu gestalten. Das bringt oft sowohl eine Leistungsverbesserung als auch eine höhere Mitarbeiterzufriedenheit mit sich. Davon könnten Museen durchaus direkt profitieren" (Pusch im Interview mit Fauland 2018). Allerdings weist sie auch darauf hin, dass sich „angesichts der unterschiedlichen Anstellungsverhältnisse und der eingeschränkten Möglichkeit zur Gestaltung von leistungsorientierten Gehaltssystemen die Frage stellt, welche Anreize bzw. Konsequenzen tatsächlich im Kontext eines Museums durchsetzbar sind. Das System müsste also ganz genau auf das jeweilige Museum zugeschnitten werden" (Fauland 2018).

Vor diesem Hintergrund soll der in der Einführung zu Kap. 3 gegebene Hinweis hier noch einmal aufgegriffen werden: *Bevor* ein Instrument aus dem Werkzeugkasten der Personalführung genommen wird, sollte zunächst geprüft werden, ob sich ein konkreter, über die Verheißungen von Praxisratgebern entstehender Mehrwert unter den Gegebenheiten des eigenen Kulturbetriebs einstellen wird. Nach Einschätzung der Autorin stellen Zielvereinbarungen in vielen Organisationen eher ein (standardisiertes, typischerweise formulargebundenes) Tool dar, das mehr ein Dasein als Selbstzweck und lästiger Zeiträuber fristet – und eher weniger als ein Instrument zur aktiven Gestaltung von Führungsbeziehungen eingesetzt wird. Auf solche Fälle bezogen mahnt die Geschäftsführerin des *Landesverbands Soziokultur Sachsen:* „Instrumente und Methoden sind hohl, wenn die rechte Haltung dahinter fehlt – und das entlarven Mitarbeiter sehr schnell" (Pallas im Interview mit Oswald 2018a).

So oder so: Zielvereinbarungen – wie insgesamt Personalgespräche, in denen solche Vereinbarungen typischerweise getroffen werden – stellen eine Herausforderung für alle am Prozess Beteiligten dar (Weibler 2016, S. 424):

- So müssen Führungskräfte sowohl darauf achten, dass die vereinbarten Ziele zum Organisationszweck passen als auch darauf, dass sie von den Geführten bei gegebener Ressourcenverteilung tatsächlich erreicht werden können; darüber hinaus müssen sie die Zielerreichung prüfen (und ggf. Konsequenzen ergreifen).
- Geführte sind wiederum dazu angehalten, sich rechtzeitig zu melden, sobald anzunehmen ist, dass vereinbarte Ziele nicht erreicht werden können – und offenzulegen, aus welchen Gründen das so ist.
- Beide müssen sich trotz häufig unterschiedlicher Prioritätensetzung miteinander einigen und darauf achten, dass die (möglichst klar und

widerspruchsfrei formulierten) Ziele einerseits herausfordernd sind und gleichzeitig doch erreichbar bleiben.

- Und beide müssen flexibel reagieren, wenn sicher geglaubte Rahmenbedingungen, z. B. aufgrund kulturpolitischer Entscheidungen, wegfallen.

Zusammenfassend liegt es in der Verantwortung jeder Führungskraft, individuell abzuwägen, ob sie die Herausforderungen, die ihr dieses Führungsinstrument bei professioneller Anwendung abverlangt, annehmen will, oder ob sie ihre knappen Ressourcen (zunächst) anderen Führungsinstrumenten zuführen möchte.

In engem Kontext mit der Vereinbarung von Zielen steht die Festlegung und im Weiteren auch die Verteilung von *Budgets,* d. h. auf eine bestimmte Periode (Quartal, Spielzeit etc.) abzielende Pläne, die wertmäßige Größen enthalten. Nach Malik (2013, S. 334) gehören auch Budgets zu den „anspruchsvolleren" Instrumenten im Werkzeugkasten. Dies triff wohl gerade auch für viele Kulturbetriebe zu, die einerseits (zu) häufig und an (zu) vielen Stellen ihre chronisch knappen Ressourcen problematisieren und andererseits außerhalb des Controlling – soweit vorhanden – sich eher ungern konkret mit Budgets befassen bzw. vielleicht sogar ein „fundamental gestörtes Verhältnis zu Zahlen" (Malik 2013, S. 334) haben. Diesbezüglich ist in Teil I dieses *essentials* hervorgehoben worden, dass eine gelingende Gestaltung von Führungsbeziehungen in Kulturbetrieben voraussetzt, dass die Ressourcen $\geq$ den Zielen sind, zumindest mittel- bis langfristig (Hausmann 2019a, S. 36).

Wenn Budgets in diesem Zusammenhang als indirekte Führungsinstrumente verstanden werden, dann nutzt die Führungskraft diese Pläne nicht nur zur Kontrolle von „Ist" und „Soll", sondern auch zur laufenden Orientierung hinsichtlich des grundsätzlich zur Verfügung stehenden Handlungsrahmens, als fundierte Diskussionsgrundlage für Entscheidungen und zur konstruktiven Befassung mit der Zukunft (Weibler 2016, S. 424). Gleichzeitig realisiert sie, dass durch die Zuteilung von Budgets immer auch eine Botschaft gesendet wird, z. B. der Anerkennung, Prioritätensetzung etc. Auf diese Funktion weist der Intendant des *Staatstheaters Darmstadt* im Kontext der Entwicklung eines Qualifizierungsprogramms in seinem Haus hin (das im Übrigen selbst, wie in Abschn. 4.4 deutlich werden wird, ein Führungsinstrument darstellt): „Der Etat, der dafür zur Verfügung steht, musste über die Jahre erheblich aufgestockt werden. Er wird auch weiter aufgestockt werden müssen, obwohl wir in einem sehr engen finanziellen Rahmen agieren. Aber auch das zeigt unseren Mitarbeiterinnen und Mitarbeitern, dass wir deren Entwicklungsmöglichkeiten sehr ernst nehmen" (Wiegand im Interview mit Schütz 2018).

4.4 Personal- und Führungskräfteentwicklung

Auch Maßnahmen der Personalentwicklung – einem prinzipiell eigenständigen Handlungsfeld innerhalb des Personalmanagement – stellen ein Führungsinstrument dar, wenn sie mit dem Ziel ergriffen werden, indirekt Einfluss zu nehmen auf das Verhalten von Geführten und die Rahmenbedingungen der Führungssituation. Dabei wird hier unter Personalentwicklung die Summe aller *systematisch* ausgerichteten Maßnahmen zur Förderung *arbeitsplatzbezogener* Kompetenzen und Fähigkeiten mit dem prioritären Ziel verstanden, dass hierdurch Aufgaben besser bewältigt werden können (zu weiteren Zielen u. a. Hausmann 2017 und 2019b, S. 81 f.). Dieses Instrument bezieht sich dabei nicht nur auf das geführte Personal, sondern selbstverständlich auch auf die Führungskräfte selbst, die im Rahmen von Entwicklungsmaßnahmen z. B. das eigene Verhalten und den eigenen Anteil an der Führungsbeziehung reflektieren können: „Wer nicht willens ist, sich über das eigene Führungsverhalten gründlich Gedanken zu machen, sollte kein Personal führen" (Lewitan 2019).

Vor allem bei Führungskräften in einer sogenannten *Sandwich-Position*, die also führen, aber gleichzeitig auch geführt werden (von der nächsthöheren Hierarchieebene im Kulturbetrieb, z. B. aber auch von übergeordneten Gremien), besteht oft die Herausforderung, dass sich der Weiterbildungsbedarf nicht ausschließlich auf Führungskompetenzen, sondern auch auf Inhalte bzw. die operative Aufgabenerfüllung bezieht. Wie umfangreich ein solches Angebot ausfallen kann und dass es sehr förderlich ist, wenn die oberste Leitungsebene dahintersteht, zeigt sich beispielhaft am *Staatstheater Darmstadt*. Hier „gibt es ein Fortbildungsprogramm für die mittlere Führungsebene, das wir als verpflichtend verstehen. Es ist einfach unabdingbar, dass alle in Sachen Mitarbeiterführung auf demselben Stand sind. Es geht dabei vor allem um das Miteinander und den Umgang. Um das zu erreichen, gibt es Kommunikationstrainings, Feedback-Gespräche, Einstiege ins Konfliktmanagement, Einstiegsseminare zu Motivation usw. Hier gibt es tatsächlich einen mehrjährigen Plan mit zwei Fortbildungen pro Jahr für die Führungskräfte. Und dann gibt es die Anforderungen, die einhergehen mit neuer Technik, neuer Software usw. Hier sind ständige Qualifizierungen unserer Mitarbeiterinnen und Mitarbeiter unabdingbar" (Wiegand im Interview mit Schütz 2018).

Ein solches systematisches Qualifizierungsangebot, das sei hier betont, stellt jedoch eine Ausnahme im Kulturbereich dar, wie auch die HR-Verantwortliche der Niederösterreichischen Kulturwirtschaft GesmbH hervorhebt: „Ich glaube, dass sich die meisten Kulturinstitutionen in erster Linie um Kunst und um Inhalte kümmern. Da gibt es auf allen Ebenen des Kulturbetriebs eine große Leidenschaft. Aber das Thema Personalentwicklung ist meistens nicht auf dem Radar" (Unterholzner 2015). Dass dies zu organisationalem Stillstand, fehlender Leistungsbereitschaft, unterdurchschnittlicher Leistungsfähigkeit bzw. -erbringung und anderen negativen Konsequenzen für die Gesamtorganisation führen kann, ist in Teil I dieses essentials bereits herausgearbeitet worden (Hausmann 2019a, S. 30).

Dieses Unterkapitel abschließend sollen nachfolgend exemplarisch Instrumente angeführt werden, die von engagierten Führungskräften in der Praxis genutzt werden, um ihre eigene Qualifizierung voranzutreiben. Dabei wird deutlich, dass unter den grundsätzlich hierfür zur Verfügung stehenden Instrumenten – stärker *lernbasierte* Maßnahmen der Weiterbildung „off the job" oder stärker *feedbackbasierte* Maßnahmen „on the job" (Scherm und Süß 2016, S. 120 ff.) – sehr individuell ausgewählt wird und häufig mehrere Instrumente kombiniert werden:

- *Literaturstudium:* Operndirektorin Berman nutzt z. B. das ausdifferenzierte Angebot an einschlägiger Literatur zum Thema: „Wenn ich Zeit habe, lese ich gern Literatur für Manager und Führungspersonal. Ich finde es wichtig, das eigene Handeln zu analysieren und zu reflektieren. Dabei orientiere ich mich auch an Führungsansätzen von außerhalb des Kulturbereichs, denn ich finde, dass man vieles von Menschen lernen kann, die neue Modelle ausprobieren" (Moghimi 2018).
- *Weiterbildungsangebote/-studium:* „Off the job"-Instrumente finden in räumlicher Entfernung zum Arbeitsplatz statt. Museumsleiterin Ludwig hat diesbezüglich z. B. „die wunderbare Möglichkeit gehabt, bei der Museumsakademie Museion[21] etwas über Führungskompetenzen zu lernen" (Oswald 2018c). Dieses von verschiedenen Stiftungen geförderte Programm, das eine große Lücke schloss, aber mittlerweile (leider) ausgelaufen ist, war auf die Qualifizierung von jungen Führungskräften im Museumsbereich ausgerichtet.
- *Mentoring:* Bietet Personen, die sich am Übergang verschiedener beruflicher Phasen befinden (z. B. Nachwuchsführungskräfte), Unterstützung „on the job" durch erfahrene Kollegen/innen. Museumsleiterin Ludwig konnte das Fundament für ihre eigene Führungskompetenz zusätzlich über dieses Führungsinstrument verstärken: „Ich hatte immer das Glück – und deshalb weiß ich, wie wichtig das ist – gute Chefs zu haben, die mir beibringen konnten, zu managen und mit Krisen umzugehen" (Oswald 2018c).
- *Individuelles Coaching:* Umfasst die professionelle Beratung, Begleitung und Unterstützung von einzelnen Beschäftigten (in der Regel jene mit Führungs- und

Leitungsfunktionen) durch externe Experten/innen mit dem Ziel, diese tätigkeitsbezogen und fachlich und/oder persönlichkeitsbezogen und zwischenmenschlich weiterzuentwickeln (häufig „off the job"). Der geschäftsführende Intendant Hoensbroech hat eine solche individuelle Rückmeldung v. a. zu Anfang seiner Karriere in Anspruch genommen: „Am Konzerthaus Berlin schließlich habe ich erstmals Verantwortung über mehrere Hierarchieebenen übernommen – da habe ich mich am Anfang auch coachen lassen. Die Reflexion mit Dritten ist dabei unheimlich hilfreich" (Oswald 2018a).

- *Teamcoaching:* Coaching ist nicht auf ein Individuum beschränkt, sondern kann auch für Gruppen eingesetzt werden. Übergeordnetes Ziel ist dann die Weiterentwicklung von kollektiven Lernprozessen. Theaterintendantin Vanackere sieht den Mehrwert auch hier durch die externe Perspektive eines Dritten und das, wie sie es selbst empfunden hat, „sich zurücklehnen können" als Teilnehmende/r. Team- und individuelles Coaching können dabei kombiniert werden: „Ein anderer neuer Ansatz ist, interne (Denk-)Prozesse von einem/r externen ModeratorIn begleiten zu lassen, um einen Blick von außen zu haben und auch selbst TeilnehmerIn sein zu können. Und ich möchte öfter selbst Coachings in Anspruch nehmen, um auf neue Prozesse vorbereitet zu sein" (Oswald 2018a).

Mit der Betrachtung von Maßnahmen der Personalentwicklung aus sowohl der Perspektive der Geführten als auch der Führenden schließt sich ein Kreis: Eine fähige Führungskraft wählt nicht nur mit Bedacht die richtigen Instrumente aus ihrem Werkzeugkasten aus und setzt sie so ein, dass sie auf Akzeptanz bei den Geführten stößt, sondern sie versteht sich selbst als inhärenten Bestandteil einer gelingenden Führungsbeziehung und bezieht sich explizit ein, wenn es um deren konkrete Gestaltung geht.

Ebenen des Führungserfolgs 5

Wenn die Übernahme und der Einsatz von Macht verantwortungsvoll gelingt, die direkten und indirekten Führungsinstrumente weitgehend harmonieren, die strukturellen Rahmenbedingungen für selbstverantwortliches Handeln geschaffen sind und alle Beteiligten ihren Beitrag für eine gelingende Führungsbeziehung leisten (wollen), dann sind die Weichen für eine positive Wirkung von Führung gestellt. Allerdings ist diese Wirkung nicht leicht zu erfassen, so ist z. B. kein Zeitpunkt bestimmbar, ab dem sich der Effekt der Einflussnahme einer Führungskraft auf das Verhalten von Geführten (spätestens) zeigen müsste. Demzufolge gilt es in Theorie und Praxis als schwierig, den Erfolg von Führung zu konkretisieren (ausführlich Weibler 2016, S. 62 ff.). Auch gibt es keinen allgemeingültigen Kanon an Erfolgskriterien; Rosenstiel (2014a, S. 5) verweist vielmehr darauf, dass sich in der Literatur mittlerweile eine kaum noch überschaubare Zahl an Kriterien zur Operationalisierung von Führungserfolg findet. Im Kontext der kompakten Darstellung dieses *essentials* werden im Weiteren drei Ebenen des Führungserfolgs beschrieben, die sich gegenseitig beeinflussen und immer wieder ausbalanciert werden müssen:

- *Der Kulturbetrieb:* Der Aufbau tragfähiger Arbeitsbeziehungen zwischen Führenden und Geführten stellt keinen Selbstzweck dar, sondern zielt in erster Linie auf die Realisierung des Organisationszwecks ab. Dies soll möglichst *effizient* geschehen, d. h. unter Berücksichtigung eines angemessenen Verhältnisses von Input zu Output bzw. eines umsichtigen Einsatzes von knappen Ressourcen, und *effektiv,* d. h. im Hinblick auf einen möglichst hohen Erreichungsgrad (beim übergeordneten Organisationszweck bzw. bei den hieraus abgeleiteten Teilbereichszielen).

© Springer Fachmedien Wiesbaden GmbH, ein Teil von Springer Nature 2020
A. Hausmann, *Cultural Leadership II,* essentials,
https://doi.org/10.1007/978-3-658-28677-4_5

- *Die Führenden:* Die Führungskraft nimmt ihre Rollenverantwortung wahr und es gelingt ihr, dass auch die Geführten an der Beziehungsgestaltung mitwirken und ihrerseits Verantwortung übernehmen (für die ihnen zugewiesenen Aufgaben, ihr Handeln etc.); zudem schafft sie es, dass Arbeitsziele mit verhältnismäßigem Ressourceneinsatz erreicht werden. Die Führungskraft erlebt sich also als wirksam – und wird darin auch von anderen bestätigt, z. B. erhält sie ein positives Feedback von den Geführten und damit eine Anerkennung ihrer Leistung als wertvoll für die Gesamtorganisation. Trotz der vielen Aufgaben und nie endenden Herausforderungen ist es ihr zudem möglich, die eigene Work-Life-Balance auszutarieren: „Die weitaus besten Führungskräfte, die ich kennen lernen durfte, führen ein balanciertes Leben" (Sprenger 2015, S. 94; ausführlich hierzu Echter 2011, S. 73 ff.).
- *Die Geführten:* Auch wenn die Intentionalität von Führung darin liegt, den Organisationszweck zu erreichen, so sind die Werte, Erwartungen und persönlichen Ziele der Geführten zu berücksichtigen, die auf das Gelingen von Führung zwangsläufig großen Einfluss nehmen. Merkmale erfolgreicher Führung können auf dieser Ebene u. a. die Arbeitszufriedenheit (mit den Arbeitsinhalten, den grundsätzlichen Rahmenbedingungen etc.), das Erleben von Wirksamkeit (z. B. im Hinblick auf den Wert und die Anerkennung der eigenen Leistung zum „großen Ganzen") oder die Möglichkeit zur Erfüllung persönlicher (arbeitsplatzbezogener) Ziele (wie z. B. Gefühle von Kohäsion, d. h. die Zugehörigkeit zu einem Team und der Zusammenhalt unter den Teammitgliedern, Möglichkeiten zur Qualifizierung oder zur Realisierung neuer Ideen) sein.

Diesen Themenkomplex abschließend sei auf die vielen kleineren Rückschläge und größeren Niederlagen hingewiesen, die einen inhärenten Bestandteil von Führungssituationen in Organisationen darstellen und von Vorgesetzten (sowie ihrem Team) regelmäßig zu verkraften sind. Der Erfolg bzw. die Wirkung von Führung kann daher nicht ausschließlich an „guten" Resultaten bzw. erreichten Zielen festgemacht werden. Schmidbauer (2009, S. 117 ff.) weist vielmehr darauf hin, dass auch Misserfolge bzw. der Umgang damit ein guter Indikator dafür sind, um die fähige von der weniger fähigen Führungskraft zu unterscheiden. Frei nach dem Motto „streng im Sieg, mild in der Niederlage", schafft es eine erfolgreiche Führungskraft, die Mitarbeiter/innen, wenn es gut läuft, diszipliniert zu führen, damit keine Nachlässigkeiten beim sorgsamen Einsatz knapper Ressourcen einreißen. Nach einer Niederlage wird die Führungskraft dann eher milde agieren, das ohnehin geknickte Selbstbewusstsein der Geführten schonen und versuchen, sie für eine Analyse des Scheiterns und eine gemeinsame, bessere Problembewältigung in der Zukunft zu gewinnen – anstatt sie durch Vorhaltungen (weiter) abzuwerten. Die Führungskraft, die ihr Team in der Niederlage beisammenhalten und aus einer belastenden Situation das Beste machen kann, zeichnet ein hoher Realitätssinn für die Kraft des Faktischen aus.

Was Sie aus diesem *essential* mitnehmen können

- Gelingende Führung setzt einen Führungsstil voraus, der sowohl aufgaben- als auch situationsorientiert ist; dabei müssen sowohl administrative als auch künstlerische Führungskräfte in der Lage sein, situationslogisch und systemgerecht Schwerpunkte zu setzen
- Haltung und rituelles Verhalten können die Personalführung gerade auch in Kulturbetrieben erfolgreich symbolisch unterstützen
- Macht ist eine notwendige Ressource, die nicht nur formal gegeben, sondern auch individuell gewollt sein muss; allerdings müssen Kulturbetriebe besonders aufmerksam sein, was die Gefahr eines Missbrauchs von Macht angeht
- Führungsinstrumente mit Fokus Kommunikation wirken in konkreten Führungssituationen und können weitgehend individuell ausgestaltet werden; gerade in Kulturbetrieben ist Kommunikation ein besonders wichtiges Tool
- Führungsinstrumente mit Fokus Koordination wirken unabhängig von konkreten Führungssituationen; sie bilden vielmehr den (standardisierten) Rahmen und die Voraussetzung für individuelles Führungsverhalten. Es ist wichtig, dass Kulturbetriebe hier dauerhaft professionelle Rahmenbedingungen schaffen.

© Springer Fachmedien Wiesbaden GmbH, ein Teil von Springer Nature 2020   43
A. Hausmann, *Cultural Leadership II*, essentials,
https://doi.org/10.1007/978-3-658-28677-4

Literatur

Blake, R. R., & Mouton, J. S. (1964). *The new managerial grid – Key orientations for achieving production through people*. Houston: Gulf Publishing Company.

Boerner, S., Krause, D. E., & Gebert, D. (2001). In der Kunst „untergehen" – In der Kunst „aufgehen". Empirische Ergebnisse zur Funktionalität einer direktiv-charismatischen Führung im Orchester. *Zeitschrift Führung und Organisation, 70*(5), 285–292.

Bühner, R. (2010). *Personalmanagement* (3. Aufl.). München: Oldenbourg.

Deutscher Bühnenverein (DBV). (2018). *Wertebasierter Verhaltenskodex zur Prävention von sexuellen Übergriffen und Machtmissbrauch*. www.buehnenverein.de. Zugegriffen: 2. März 2019.

Deutschlandfunk Kultur. (2019). Wir brauchen eine neue Feedbackkultur. https://srv.deutschlandradio.de/dlf-audiothek-audio-teilen.3265.de.html?mdm:audio_id=759618. Zugegriffen: 26. Sept. 2019.

Duden. (2019a). *Kritik*. www.duden.de. Zugegriffen: 2. März 2019.

Duden. (2019b). *Prinzip*. www.duden.de. Zugegriffen: 2. März 2019.

Echter, D. (2011). *Führung braucht Rituale. So sichern Sie nachhaltig den Erfolg Ihres Unternehmens* (2. Aufl.). Wiesbaden: Vahlen.

Fauland, S. (2018). *Personalmanagement im Museum. Schlüssel zur Museumsentwicklung*. www.kulturmanagement.net. Zugegriffen: 2. März 2019.

Hasselbeck, K., & Promberger, M. (2019). *Höchstleistung um jeden Preis*. www.br-klassik.de. Zugegriffen: 2. März 2019.

Hausmann, A. (2017). *Personalentwicklung in Kulturbetrieben. Veränderungen ermöglichen*. www.kulturmanagement.net. Zugegriffen: 2. März 2019.

Hausmann, A. (2019). *Cultural Leadership I. Begriff, Einflussfaktoren und Aufgaben der Personalführung in Kulturbetrieben*. Wiesbaden: Springer.

Hausmann, A. (2019). *Kompaktwissen Kulturmanagement* (2. Aufl.). Wiesbaden: Springer.

Klein, A. (2009). *Leadership im Kulturbetrieb*. Wiesbaden: VS Verlag.

Kulturmanagement Network. (2019). Themenreihe Recruiting. https://www.kulturmanagement.net/Themen/Deutscher-Arbeitsmarkt-fuer-Kulturmanager-innen-Veraenderungen-und-aktuelle-Tendenzen,2308. Zugegriffen: 5. Juli 2019.

Lewitan, L. (17. Mai 2019). Emotionale Analphabeten. *Die Zeit, 21*, 14.

Malik, F. (2013). *Führen. Leisten. Leben: Wirksames Management für eine neue Zeit*. Frankfurt a. M.: Campus.

© Springer Fachmedien Wiesbaden GmbH, ein Teil von Springer Nature 2020   45
A. Hausmann, *Cultural Leadership II*, essentials,
https://doi.org/10.1007/978-3-658-28677-4

Mentzel, W., Grotzfeld, S., & Haub, C. (2017). *Mitarbeitergespräche erfolgreich führen* (12. Aufl.). Freiburg: Haufe.

Moghimi, J. (2018). *Es gibt keine Diven.* www.kulturmanagement.net. Zugegriffen: 3. Febr. 2019.

Oswald, K. (2018a). *Vom Menschen aus denken Teil I.*www.kulturmanagement.net. *Zugegriffen: 17. März 2019.*

Oswald, K. (2018b). *Vom Menschen aus denken Teil II.* www.kulturmanagement.net. Zugegriffen: 7. Febr. 2019.

Oswald, K. (2018c). *Eine junge Museumsleiterin stellt sich großen Herausforderungen.* www.kulturmanagement.net. Zugegriffen: 17. März 2019.

Röhner, J., & Schütz, A. (2016). *Psychologie der Kommunikation* (2. Aufl.). Wiesbaden: Springer.

Rowold, J., & Rohmann, A. (2009). Transformational and transactional leadership styles, followers' positive and negative emotions, and performance in German nonprofit orchestras. *Nonprofit Management and Leadership, 16*(2), 209–220.

Schein, E. H., & Schein, P. (2018). *Organisationskultur und Leadership.* München: Vahlen.

Scherm, E., & Süß, S. (2016). *Personalmanagement* (3. Aufl.). München: Vahlen.

Schmidbauer, W. (2009). *Persönlichkeit und Menschenführung. Vom Umgang mit sich selbst und anderen.* München: dtv.

Scholz, C. (2014). *Grundzüge des Personalmanagements* (2. Aufl.). München: Vahlen.

Schütz, D. (2018). *Wie das Staatstheater Darmstadt Entwicklungen ermöglicht.* www.kulturmanagement.net. Zugegriffen: 3. Febr. 2019.

Schulz von Thun, F. (2011). *Miteinander reden I. Störungen und Klärungen: Allgemeine Psychologie der Kommunikation* (49. Aufl.). Reinbek: Rowohlt.

Schulz von Thun, F., Ruppel, J., & Stratmann, R. (2019). *Miteinander reden. Kommunikationspsychologie für Führungskräfte* (19. Aufl.). Reinbek: Rowohlt.

Seewald, J. (5 Aug. 2016). Schauspieler Shenja Lacher. Ich zerfleische mich schon selbst. *Frankfurter Allgemeine.* www.faz.net. Zugegriffen: 2. März 2019.

Sprenger, R. K. (2015). *Das Prinzip Selbstverantwortung. Wege zur Motivation* (13. Aufl.). Frankfurt a. M.: Campus.

Steindorfer, C. (2014). *Über das Scheitern. Misserfolgen Raum geben.* www.kulturmanagement.net. Zugegriffen: 17 März 2019.

Stock-Homburg, R. (2013). *Personalmanagement. Theorien, Konzepte, Instrumente* (3. Aufl.). Wiesbaden: Springer.

Tannenbaum, R., & Schmidt, W. H. (1958). How to choose a leadership pattern. *Harvard Business Review, 36*(2), 95–101.

Träger, Th. (2018). *Organisation.* München: Vahlen.

Turner, V. (1970). *The Forest of Symbols. Aspects of Ndembu Ritual.* Ithaca: Cornell University Press.

Unterholzner, D. (2015). *Personalentwicklung in der Kultur. Das Beispiel der Niederösterreichischen Kulturwirtschaft GesmbH.* www.kulturmanagement.net. Zugegriffen: 2. März 2019.

Van der Hart, O. (1983). *Rituals in Psychotherapy.* New York: Irvington.

von Rosenstiel, L. (2014a). Grundlagen der Führung. In L. von Rosenstiel, E. Regnet, & M. E. Domsch (Hrsg.), *Führung von Mitarbeitern. Handbuch für erfolgreiches Personalmanagement* (7. Aufl., S. 3–28). Stuttgart: Schäffer-Poeschel.

von Rosenstiel, L. (2014b). Anerkennung und Kritik. In L. von Rosenstiel, E. Regnet, & M. E. Domsch (Hrsg.), *Führung von Mitarbeitern. Handbuch für erfolgreiches Personalmanagement* (7. Aufl., S. 238–247). Stuttgart: Schäffer-Poeschel.

Watzlawick, P. (2011). *Man kann nicht nicht kommunizieren* (2. Aufl.). Mannheim: Huber.

Weibler, J. (2016). *Personalführung* (3. Aufl.). München: Vahlen.

Werum, S. P. (2014). Was ist zu tun? Die Bedeutung der Stellenbeschreibung – Nicht nur – Im öffentlichen Dienst. *Kulturmanagement Network Magazin, 92*(August), 10–15.

Zierold, M. (2018). *Führungsstile in Kultureinrichtungen. Eine Frage der Haltung und der Stimmigkeit.* www.kulturmanagement.net. Zugegriffen: 2. März 2019.